쓰기가
문해력
이다

KB217998

3단계

초등 3 ~ 4학년 권장

교 재   교재 내용 문의는 EBS 초등사이트
내 용   (primary.ebs.co.kr)의 교재 Q&A 서비스를
문 의   활용하시기 바랍니다.

교 재   발행 이후 발견된 정오 사항을 EBS 초등사이트
정오표   정오표 코너에서 알려 드립니다.
공 지   교과/교재 → 교재 → 교재 선택 → 정오표

교 재   공지된 정오 내용 외에 발견된 정오 사항이
정 정   있다면 EBS 초등사이트를 통해 알려 주세요.
신 청   교과/교재 → 교재 → 교재 선택 → 교재 Q&A

쓰기가 문해력이다

3단계

초등 3 ~ 4학년 권장

자신의 생각을 글로 표현하지 못하는 우리 아이?
평생을 살아가는 힘, '문해력'을 키워 주세요!

'쓰기가 문해력이다'

쓰기 학습으로 문해력 키우기

1 / 읽고 말한 내용을 글로 표현하는 쓰기 학습이 가능합니다.

단순히 많은 글을 읽고 문제를 푸는 것만으로는 쓰기 능력이 늘지 않습니다.
머릿속에 있는 어휘 능력, 독해 능력을 활용하여 내 생각을 글로 표현할 수 있도록
'생각 모으기 → 생각 정리하기 → 글로 써 보기'로 구성하였습니다.

2 / 대상 학년에 맞게 수준에 맞춰 단계별로 구성하였습니다.

학년별 수준에 따라 체계적인 글쓰기 학습이 가능하도록 저학년 대상 낱말 쓰기 단계부터 고학년 대상 한 편의 글쓰기 단계까지
수준별 글쓰기에 맞춰 '낱말 → 어구 → 문장 → 문단 → 글'의 단계별로 구성하였습니다.

3 / 단계별 5회×4주 학습으로 부담 없이 다양한 글쓰기 훈련이 가능합니다.

1주 5회의 학습 분량으로 글쓰기에 대한 부담 없이 학습할 수 있도록 커리큘럼을 세분화해서 회별 집중 글쓰기
학습이 되도록 구성하였습니다.
글 쓰는 방법을 자연스럽게 익힐 수 있도록 '어떻게 쓸까요'에서 따라 쓰면서 배운 내용을 '이렇게 써 봐요'에서
직접 써 보면서 글쓰기 방법을 익히도록 구성하였습니다.

4 / 글의 종류에 따른 구성 요소를 한눈에 알아보도록 디자인화해서 체계적인 글쓰기 학습이 가능합니다.

글의 종류에 따라 글의 구조에 맞게 디자인 구성을 달리하여 시각적으로도 글의 구성을 한눈에 파악할 수 있도록
하여 글쓰기를 쉽고 재미있게 학습하도록 구성하였습니다.

5 / 상황에 맞는 어휘 활용으로 글쓰기 능력을 향상시킬 수 있습니다.

글쓰기에 필요한 기본 어휘 활용 능력을 향상시킬 수 있도록 부록 구성을 하였습니다.
단계별로 낱말카드, 반대말, 틀리기 쉬운 말, 순우리말, 동음이의어, 속담. 관용표현, 사자성어 등을 상황 설명과
함께 삽화로 구성하여 글쓰기 능력의 깊이와 넓이를 동시에 키워 줍니다.

EBS 〈당신의 문해력〉 교재 시리즈는 약속합니다.

교과서를 잘 읽고 더 나아가 많은 책과 온갖 글을 읽는 능력을 갖출 수 있도록
문해력을 이루는 핵심 분야별, 학습 단계별 교재를 준비하였습니다.
한 권 5회×4주 학습으로 아이의 공부하는 힘, 평생을 살아가는 힘을 EBS와 함께 키울 수 있습니다.

어휘가 문해력이다

어휘 실력이 교과서를 읽고 이해할 수 있는지를 결정하는 척도입니다.
〈어휘가 문해력이다〉는 교과서 진도를 나가기 전에 꼭 예습해야 하는 교재입니다.
20일이면 한 학기 교과서 필수 어휘를 완성할 수 있습니다.
교과서 수록 필수 어휘들을 교과서 진도에 맞춰
날짜별, 과목별로 공부하세요.

쓰기가 문해력이다

쓰기는 자기 생각을 표현하는 미래 역량입니다.
서술형, 논술형 평가의 비중은 점점 커지고 있습니다.
객관식과 단답형만으로는 아이들의 생각과 미래를 살펴볼 수 없기 때문입니다.
막막한 쓰기 공부. 이제 단어와 문장부터 하나씩 써 보며 차근차근 학습하는
〈쓰기가 문해력이다〉와 함께 쓰기 지구력을 키워 보세요.

ERI 독해가 문해력이다

독해를 잘하려면 체계적이고 객관적인 단계별 공부가 필수입니다.
기계적으로 읽고 문제만 푸는 독해 학습은 체격만 키우고 체력은 미달인 아이를 만듭니다.
〈ERI 독해가 문해력이다〉는 특허받은 독해 지수 산출 프로그램을 적용하여 글의 난이도를
체계화하였습니다.
단어 · 문장 · 배경지식 수준에 따라 설계된 단계별 독해 학습을 시작하세요.

배경지식이 문해력이다

배경지식은 문해력의 중요한 뿌리입니다.
하루 두 장, 교과서의 핵심 개념을 글과 재미있는 삽화로 익히고 한눈에 정리할 수 있습니다.
시간이 부족하여 다양한 책을 읽지 못하더라도 교과서의 중요 지식만큼은 놓치지 않도록
〈배경지식이 문해력이다〉로 학습하세요.

디지털독해가 문해력이다

디지털독해력은 다양한 디지털 매체 속 정보를 읽어 내는 힘입니다.
아이들이 접하는 디지털 매체는 매일 수많은 정보를 만들어 내기 때문에
디지털 매체의 정보를 판단하는 문해력은 현대 사회의 필수 능력입니다.
〈디지털독해가 문해력이다〉로 교과서 내용을 중심으로 디지털 매체 속 정보를 확인하고
다양한 과제를 해결해 보세요.

쓰기가 문해력이다로
자신 있게 내 생각을 표현하도록 쓰기 능력을 키워 주세요!

〈쓰기가 문해력이다〉는 글쓰기 능력을 향상시킬 수 있는 단계별 글쓰기 교재로, 학습자들에게 글쓰기가 어렵지 않다는 인식이 생기도록 체계적으로 글쓰기 학습을 유도합니다.

"맞춤법에 맞는 낱말 쓰기 연습이 필요해요."
"쉽고 재미있게 써 보는 교재가 좋아요."
"완성된 문장을 쓸 수 있는 비법을 알았으면 좋겠어요."
"생각을 표현하는 데 도움이 되는 글쓰기 교재가 필요해요."
"한 편의 완성된 글쓰기를 체계적으로 쓸 수 있는 교재면 좋겠어요."
"글의 종류에 따른 특징을 알고 쓰는 방법을 익힐 수 있는 교재가 필요해요."

P단계	
1주차	자음자와 모음자가 만나 만든 글자
2주차	받침이 없거나 쉬운 받침이 있는 낱말
3주차	받침이 있는 낱말과 두 낱말을 합하여 만든 낱말
4주차	주제별 관련 낱말

1단계	
1주차	내가 자주 사용하는 낱말 1
2주차	내가 자주 사용하는 낱말 2
3주차	헷갈리는 낱말과 꾸며 주는 낱말
4주차	바르게 써야 하는 낱말

2단계	
1주차	간단한 문장
2주차	자세히 꾸며 쓴 문장
3주차	소개하는 글과 그림일기
4주차	다양한 종류의 쪽지글

3단계	
1주차	다양하게 표현한 문장
2주차	사실과 생각을 표현한 문장
3주차	다양한 종류의 편지글
4주차	다양한 형식의 독서 카드

P~1 단계	2~3 단계	4~7 단계
기초 어휘력 다지기 단계	**문장력, 문단 구성력 학습 단계**	**글쓰기 능력 향상 단계**
낱말 중심의 글씨 쓰기 도전	문장에서 문단으로 글쓰기 실전 도전	글의 구조에 맞춰 글쓰기 도전

4단계

5단계

1주차	생활문
2주차	독서 감상문
3주차	설명문
4주차	생활 속 다양한 종류의 글

1주차	다양한 종류의 글 1
2주차	다양한 종류의 글 2
3주차	의견을 나타내는 글
4주차	형식을 바꾸어 쓴 글

6단계

7단계

1주차	대상에 알맞은 방법으로 쓴 설명문
2주차	다양한 형식의 문학적인 글
3주차	매체를 활용한 글
4주차	주장이 담긴 글

1주차	논설문
2주차	발표문
3주차	다양한 형식의 자서전
4주차	다양한 형식의 독후감

이책의 구성과 특징

무엇을 쓸까요

주차별 학습 내용을 한눈에 볼 수 있도록 학습 내용을 알아보기 쉽게 그림과 함께 꾸몄습니다.
1주 동안 배울 내용을 삽화와 글로 표현하여 학습 내용에 대해 미리 엿볼 수 있도록 하였습니다.

어떻게 쓸까요

글쓰기의 방법을 알려 주는 단계로, 글의 구조에 맞게 완성된 한 편의 **글을 쓰는 과정**을 보여 줍니다. 글쓰기의 예로 든 글을 부분부분 따라 써 보면서 글쓰기의 방법을 자연스럽게 익혀 보는 코너입니다.

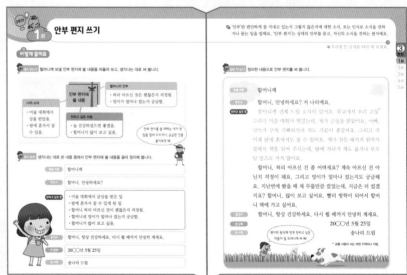

이렇게 써 봐요

'**어떻게 쓸까요**'에서 배운 글쓰기 단계에 맞춰 **나의 글쓰기**를 본격적으로 해 보는 **직접 쓰기 단계**입니다.
'어떻게 쓸까요'에서 배운 글쓰기 과정과 동일한 디자인으로 구성하여 나만의 글쓰기 한 편을 부담 없이 완성해 볼 수 있도록 하였습니다.

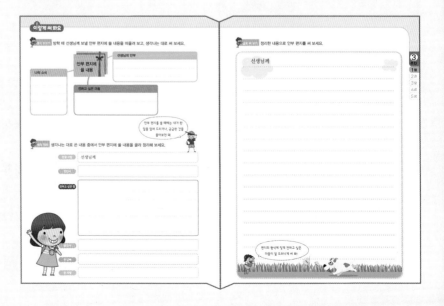

아하~ 알았어요

1주 동안 배운 내용을 문제 형식으로 풀어 보도록 구성한 **확인 학습 코너**입니다. 내용에 맞는 다양한 형식으로 제시하여 부담 없이 문제를 풀어 보도록 구성하였습니다.

참 잘했어요

1주 동안 배운 내용과 연계해서 **놀이 형식으로 꾸민 코너입니다. 창의. 융합 교육을 활용한 놀이마당 형식**으로, 그림을 활용하고 퀴즈 등 다양한 형식으로 구성하여 재미있고 즐거운 마무리 학습이 되도록 하였습니다.

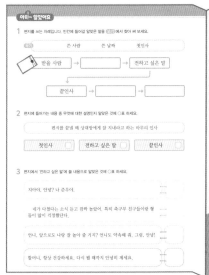

더 알아 두면
좋은 내용이라서 글쓰기에
도움을 주는구나!

혼자서도 자신 있게
한 편의 글을 완성할 수 있다는
것을 알게 해 주네!

부록

각 단계별로 본 책과 연계하여 **더 알아 두면 유익한 내용**을 삽화와 함께 구성하였습니다.

정답과 해설

'이렇게 써 봐요' 단계의 예시 답안을 실어 주어 '어떻게 쓸까요'와 함께 다시 한번 완성된 글들을 읽어 봄으로써 **반복 학습 효과**가 나도록 하였습니다.

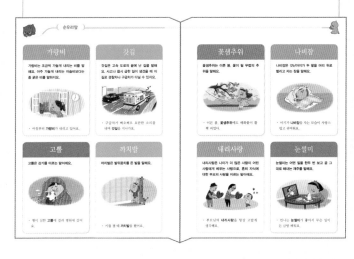

이 책의 차례

1주차

다양하게 표현한 문장

1회 이어 주는 말을 넣어 문장 쓰기   12

2회 두 문장을 한 문장으로 쓰기   16

3회 비유하는 표현으로 문장 쓰기   20

4회 소리는 같지만 뜻이 다른 말로 문장 쓰기   24

5회 속담 넣어 문장 쓰기   28

1주 마무리   32

2주차

사실과 생각을 표현한 문장

1회 사실을 나타내는 문장 쓰기   36

2회 생각이나 느낌을 나타내는 문장 쓰기   40

3회 원인과 결과를 나타내는 문장 쓰기   44

4회 의견과 까닭을 나타내는 문장 쓰기   48

5회 두 가지 대상을 비교하는 문장 쓰기   52

2주 마무리   56

3주차

다양한 종류의 편지글

1회	안부 편지 쓰기	60
2회	축하 편지 쓰기	64
3회	감사 편지 쓰기	68
4회	사과 편지 쓰기	72
5회	위문편지 쓰기	76
3주 마무리		80

4주차

다양한 형식의 독서 카드

1회	일기 형식의 독서 카드 쓰기	84
2회	편지 형식의 독서 카드 쓰기	88
3회	동시 형식의 독서 카드 쓰기	92
4회	인터뷰 형식의 독서 카드 쓰기	96
5회	책 소개하는 글 쓰기	100
4주 마무리		104

부록 순우리말 106

1주차

다양하게 표현한 문장

무엇을 쏠까요

1회 이어 주는 말을 넣어 문장 쓰기

학습 계획일 ◯월 ◯일

2회 두 문장을 한 문장으로 쓰기

학습 계획일 ◯월 ◯일

3회 비유하는 표현으로 문장 쓰기

학습 계획일 ◯월 ◯일

4회 소리는 같지만 뜻이 다른 말로 문장 쓰기

학습 계획일 ◯월 ◯일

5회 속담 넣어 문장 쓰기

학습 계획일 ◯월 ◯일

아이들이 메밀꽃이 활짝 핀 모습을 보고 예쁘다고 느꼈나 봐요. 여자아이는

메밀꽃의 색깔이 하얀 눈과 같다고 생각하고 '눈꽃처럼 새하얗다.'라고 말하고,

남자아이는 메밀꽃이 하얗게 피어 있는 메밀밭을 '소금을 뿌려 놓은 것 같다.'라고

했어요. 이렇게 비교하는 말을 써서 느낌을 전달하면

더 생생한 표현이 된답니다.

이어 주는 말을 넣어 문장 쓰기

어떻게 쓸까요

내용이 비슷한 두 문장을 이어 주는 말

문장 1	이어 주는 말	문장 2
바람이 불었다.	그리고	비가 내렸다.

내용이 반대인 두 문장을 이어 주는 말

문장 1	이어 주는 말	문장 2
나는 춤을 잘 춘다.	그러나	노래를 못 한다.
엄마는 채소를 좋아한다.	하지만	나는 과일을 좋아한다.

문장 배우기 두 문장을 이어 주는 말을 따라 써 봅니다.

	문장 1	이어 주는 말	문장 2
	우리는 자동차를 샀다.	그리고	우리는 로봇을 샀다.
	나는 빵을 좋아한다.	그러나	동생은 빵을 싫어한다.
	우리는 닮았다.	하지만	성격은 다르다.

두 개의 문장을 나란히 이어서 쓸 때 두 문장의 내용이 자연스럽게 이어지도록 쓰는 말을 '이어 주는 말'이라고 해요. 이어 줄 때 쓰는 말을 바르게 써야 문장의 뜻을 쉽게 이해할 수 있어요.

●흐리게 쓴 글자를 따라 써 보세요.

문장 익히기 이어 주는 말과 뒤의 문장을 따라 써 봅니다.

아빠와 놀이터에 갔다. 그리고 그네를 탔다.

주사가 무서웠다. 하지만 꾹 참고 울지 않았다.

문장 써 보기 이어 주는 말을 넣어 문장을 따라 써 봅니다.

여	름	은		덥	다	.		그	리
고		비	가		많	이		내	린
다	.								

봄	은		따	뜻	하	다	.		그
러	나		바	람	이		많	이	
분	다	.							

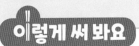

 문장 익히기 1 내용을 알맞게 이어 주는 말을 찾아 ○표 하고, 완성된 문장을 써 보세요.

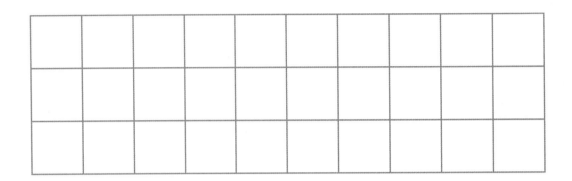

동물원에서 타조를 보았다. 하지만 그리고 부엉이도 보았다.

누나는 노래를 잘 부른다. 하지만 그리고 피아노도 잘 친다.

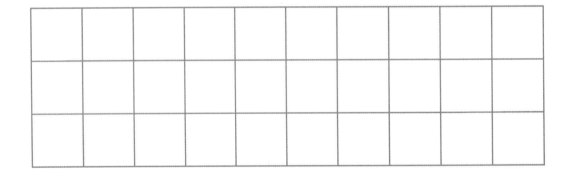

오빠는 부끄러움이 많다. 그러나 그리고 발표를 잘한다.

문장 익히기 2   색 글자 부분을 바꾸어 새로운 문장을 완성해 보세요.

나는 시소를 탔다. 그리고 그네도 탔다.

⇒ 나는 시소를 탔다. 그리고

내 친구는 매운 것을 못 먹는다. 하지만 떡볶이는 잘 먹는다.

⇒ 내 친구는 매운 것을 못 먹는다. 하지만

문장 써 보기   두 문장이 바르게 이어지도록 선으로 잇고, 완성된 문장을 써 보세요.

생일 선물을 받았다.   그리고

축하 편지를 받지 못했다.

축하 편지도 받았다.

배가 무척 고팠다.   그러나

먹을 것이 하나도 없었다.

먹을 것이 가득 있었다.

두 문장을 한 문장으로 쓰기

어떻게 쓸까요

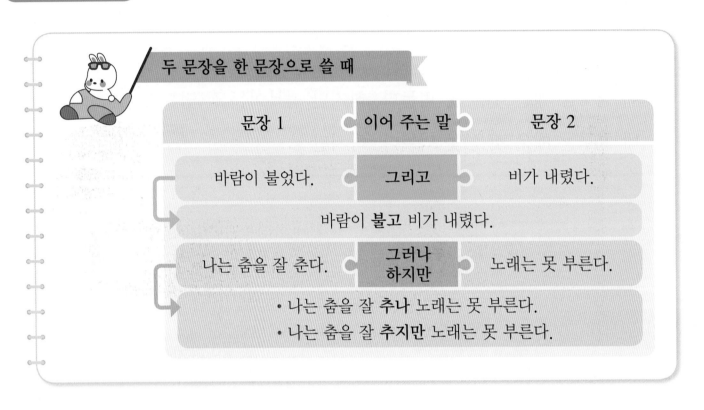

두 문장을 한 문장으로 쓸 때

문장 1	이어 주는 말	문장 2
바람이 불었다.	그리고	비가 내렸다.
바람이 **불고** 비가 내렸다.		
나는 춤을 잘 춘다.	그러나 하지만	노래는 못 부른다.
• 나는 춤을 잘 **추나** 노래는 못 부른다. • 나는 춤을 잘 **추지만** 노래는 못 부른다.		

 문장 배우기 두 문장을 이어 주는 말을 써 봅니다.

문장 1	이어 주는 말	문장 2
색종이로 학을 접었다.	그리고	비행기를 접었다.
색종이로 학을 접고 비행기를 접었다.		
토끼는 빠르다.	그러나 하지만	거북이는 느리다.
• 토끼는 빠르나 거북이는 느리다. • 토끼는 빠르지만 거북이는 느리다.		

'그리고', '그러나', '하지만'으로 이어진 두 문장은 한 문장으로 이어서 쓸 수 있어요. 두 문장의 내용을 이어서 표현할 때 쓰이는 '-고', '-(으)나', '-지만'도 이어 주는 말이에요.

 문장 익히기 두 문장을 한 문장으로 이어서 쓴 것을 따라 써 봅니다.

친구와 눈싸움을 했다. 그리고 눈사람도 만들었다.
→ 친구와 눈싸움을 했고 눈사람도 만들었다.

나는 바다를 좋아한다. 그러나 파도는 무서워한다.
→ 나는 바다를 좋아하나 파도는 무서워한다.

 **문장 써 보기** 두 문장을 한 문장으로 이어서 쓴 것을 따라 써 봅니다.

불은 우리 생활을 편리하게 해 준다. 하지만 잘못 사용하면 위험하다.
→ 불은 우리 생활을 편리하게 해 주지만 잘못 사용하면 위험하다.

불	은		우	리		생	활	을		편
리	하	게		해		주	지	만		잘	못
사	용	하	면		위	험	하	다	.	

문장 익히기 두 문장을 한 문장으로 이어서 쓰려고 합니다. 두 문장을 알맞게 이어 주는 말을 찾아 ○표 하고, 완성된 문장을 빈칸에 써 보세요.

형은 책 읽기를 좋아한다. 하지만 글쓰기를 더 좋아한다.

→ 형은 책 읽기를 　좋아하고　　좋아하지만　글쓰기를 더 좋아한다.

　

짝에게 생일 선물을 주었다. 그리고 축하 카드도 주었다.

→ 짝에게 생일 선물을 　주었고　　주었지만　축하 카드도 주었다.

　

설날에 연날리기를 했다. 그리고 윷놀이도 했다.

→ 설날에 연날리기를 　했고　　했지만　윷놀이도 했다.

　

아빠는 요리를 잘하신다. 하지만 청소는 잘 못 하신다.

→ 아빠는 요리를 　잘하시고　　잘하시지만　청소는 잘 못 하신다.

도깨비는 무섭게 생겼다. 그러나 마음은 착하다.

오늘은 눈이 많이 내렸다. 하지만 춥지 않았다.

오빠는 축구를 좋아한다. 그리고 농구도 좋아한다.

비유하는 표현으로 문장 쓰기

어떻게 쓸까요

비유하는 표현

내 얼굴 — 공통점 **예쁘다** — 사과

사과 같은 내 얼굴

내 얼굴은 **사과처럼** 예쁘다.

문장 배우기 두 사물의 닮은 점을 떠올려 보고, 비유하는 표현을 따라 써 봅니다.

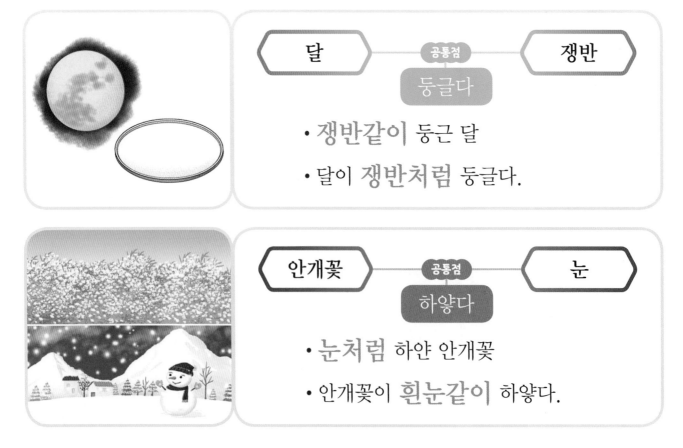

달 — 공통점 **둥글다** — 쟁반

- 쟁반같이 둥근 달
- 달이 쟁반처럼 둥글다.

안개꽃 — 공통점 **하얗다** — 눈

- 눈처럼 하얀 안개꽃
- 안개꽃이 흰눈같이 하얗다.

'비유'란 어떤 것을 다른 것에 빗대어 표현하는 것을 말해요. '~같이', '~처럼'과 같은 말을 넣어 비유하는 표현을 만들 수 있어요. 비유하는 표현을 쓸 때에는 두 사물의 닮은 점을 찾아야 해요.

🌸흐리게 쓴 글자를 따라 써 보세요.

 **문장 익히기** 두 사물의 닮은 점을 떠올려 보고, 비유하는 표현을 써 봅니다.

〈 별 〉 ―――― 〈 보석 〉

• 보석처럼 빛나는 별
• 밤하늘의 별이 보석 같다.

〈 뭉게구름 〉 ―――― 〈 솜사탕 〉

• 뭉게구름같이 뭉실뭉실한 솜사탕
• 뭉게구름이 솜사탕 같아!

 **문장 써 보기** 그림을 보고, 비유하는 표현을 써 봅니다.

고	사	리	처	럼		작	은	
아	기		손					

꽃	처	럼		예	쁜		우	리
엄	마		얼	굴				

문장 익히기 그림을 보고, 주어진 말을 넣어 비유하는 표현을 써 보세요.

| 무서운 | | 호랑이처럼 | | 아빠 |

| 토끼처럼 | 뛰는 | 깡충깡충 | 아이 |

| 사슴같이 | 아기 | 눈 | 순한 |

병아리 ── 귀엽다 ── 내 동생

구름 ── 모여 있다 ── 사람들

솜털 ── 가볍다 ── 발걸음

황금 ── 누렇다 ── 가을 들판

소리는 같지만 뜻이 다른 말로 문장 쓰기

어떻게 쓸까요

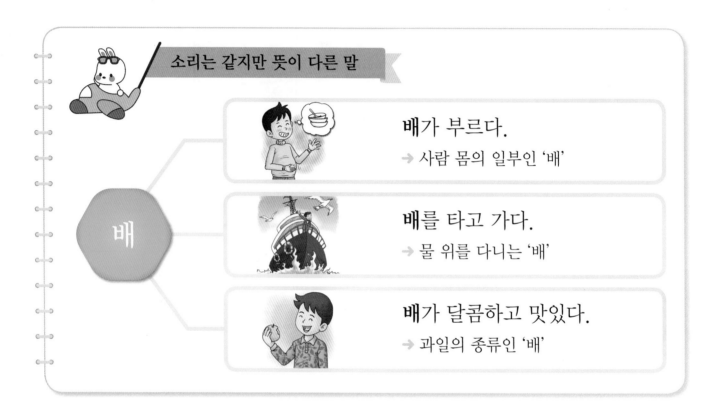

소리는 같지만 뜻이 다른 말

배

배가 부르다.
→ 사람 몸의 일부인 '배'

배를 타고 가다.
→ 물 위를 다니는 '배'

배가 달콤하고 맛있다.
→ 과일의 종류인 '배'

문장 익히기 문장에서 낱말이 어떤 뜻으로 쓰였는지 생각해 보고, 문장을 따라 써 봅니다.

밤

해가 지고 캄캄한 **밤**이 되었다.

다람쥐가 부지런히 **밤**을 주워 모았다.

차

차가 다니는 길에서는 조심해야 한다.

뜨거운 **차**를 마시면 몸이 따뜻해진다.

💬 몸의 '배', 타는 '배', 먹는 '배'는 소리는 같으나 뜻이 서로 다른 낱말이에요. 이렇게 소리는 같지만 뜻이 다른 낱말은 문장의 앞뒤 내용을 살펴보면 쉽게 구별할 수 있어요.

🌸 흐리게 쓴 글자를 따라 써 보세요.

 **문장 써 보기** 낱말의 뜻을 잘 살펴보고, 뜻에 맞는 낱말이 쓰인 문장을 따라 써 봅니다.

 타다

뜻 탈것이나 동물의 등에 몸을 얹다.
예 비행기를 타다.

뜻 어떤 것에 불이 붙어서 불꽃이 일어나다.
예 마른 나무가 활활 타다.

뜻 자신의 몫으로 주는 돈이나 상을 받다.
예 엄마에게 용돈을 받다.

 **쓰다**

뜻 연필, 볼펜, 붓 따위로 글자를 적다.
예 할머니께 편지를 쓰다.

뜻 모자나 수건 같은 것을 머리에 덮다.
예 모자를 쓰다.

뜻 맛이 한약이나 씀바귀의 맛과 같다.
예 감기약이 쓰다.

문장 익히기 주어진 낱말을 넣어 그림을 참고하여 뜻에 맞는 짧은 문장을 만들어 보세요.

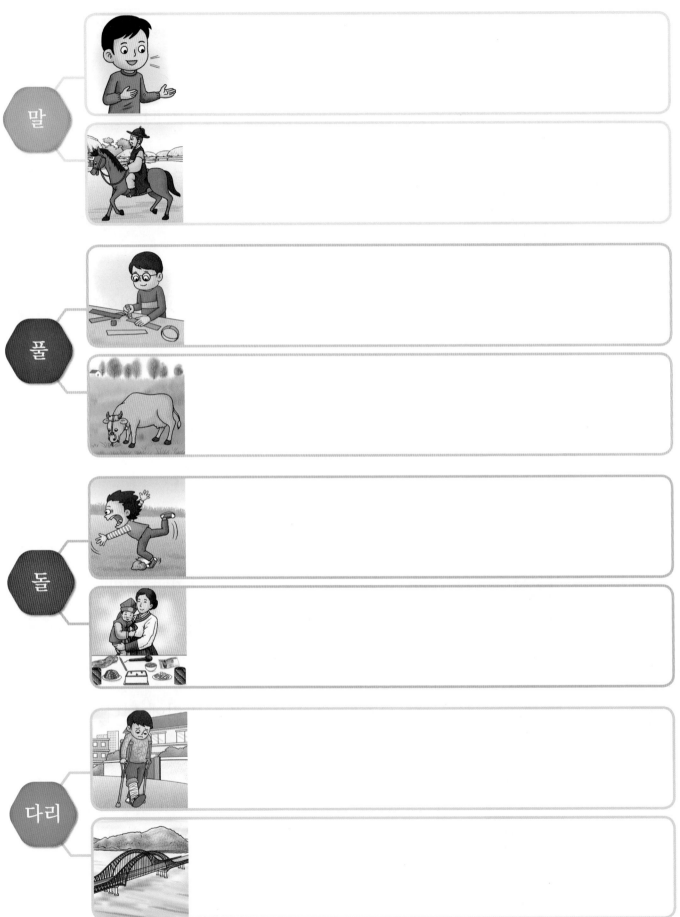

 **문장 써 보기** 낱말의 뜻을 잘 살펴보고, 그림을 참고하여 뜻에 맞는 문장을 만들어 보세요.

뜻 어떤 것을 발로 힘껏 치거나 걷어 올리다.

예

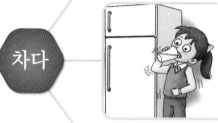

차다

뜻 몸에 닿은 물건이나 공기의 온도가 낮다.

예

뜻 사람이나 물건이 어떤 곳에 가득하다.

예

 **문장 만들기** '빨았다'의 뜻이 같도록 문장을 만들어 보세요.

아기가 손가락을 빨았다.

　　　　　　　　　　　빨았다.

빨다

손수건을 빨았다.

　　　　　　　　　　　빨았다.

5회 속담 넣어 문장 쓰기

어떻게 쓸까요

속담

꿩 먹고 알 먹는다

한 가지 일을 해서 두 가지 이상의 이익을 얻는다는 뜻이에요.

속담 배우기 속담의 뜻을 생각하면서 속담을 따라 써 봅니다.

땅 짚고 헤엄치기

땅을 짚고 헤엄치는 일만큼이나 아주 하기 쉬운 일이라는 뜻이에요.

뛰는 놈 위에 나는 놈 있다

아무리 재주가 있다 하여도 그보다 나은 사람이 있으니 어떤 일을 하든 겸손한 마음으로 열심히 노력해서 실력을 키워 나가야 한다는 뜻이에요.

속담이란 옛날부터 전해 내려오는 지혜가 담긴 짧은 말을 말해요. 속담의 뜻을 알아 두면 글을 쓸 때나 말을 할 때 많은 도움이 됩니다.

🌸 흐리게 쓴 글자를 따라 써 보세요.

글로 써 보기 속담의 뜻을 잘 보고, 속담의 내용에 맞는 글을 써 봅니다.

가재는 게 편이다

가재와 게처럼 모양이나 형편이 비슷한 사람 끼리 서로 잘 어울리고 감싸 주기 쉽다는 뜻이 에요.

가	재	의		친	구		게	가		그	물	에
갇	혔	어	요	.	게	는		그	물		안	에	서
집	게	발	을		딸	깍	이	며		가	재	에	게
도	움	을		청	했	어	요	.	친	구	가		위
험	에		처	한		것	을		눈	치		챈
가	재	는		집	게	발	이		있	는		친	구
들	을		불	러		모	아		게	가		갇	힌
그	물	을		끊	고		친	구	를		구	했	어
요	.	'	가	재	는		게		편	이	다	.	'라
는		말	처	럼		서	로		뜻	이		통	했
나		봐	요	.								

속담 배우기 뜻에 맞는 속담을 보기 에서 골라 써 보세요.

보기
세 살 버릇 여든까지 간다   바늘 가는 데 실 간다
개구리 올챙이 적 생각 못 한다

바늘이 가는 데 실이 항상 뒤따른다는 뜻으로, 둘의 관계가 떨어질 수 없을 정도로 가깝다는 말이에요.

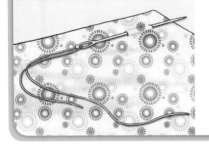

어릴 때 몸에 배어 버린 버릇이나 습관은 나이가 들어서도 고치기 힘들다는 뜻으로, 어려서부터 좋은 버릇을 들여야 한다는 말입니다.

자기의 지위가 높아지면 예전의 보잘것없던 때의 생각을 못 한다는 뜻으로, 어렵던 과거를 생각하고 항상 겸손해야 한다는 말이에요.

고래 싸움에 새우 등 터진다

강한 자들끼리 싸우는 곳에 약한 자가 중간에 끼어 피해를 입거나 남의 싸움에 아무 관계 없는 사람이 해를 입는다는 뜻이에요.

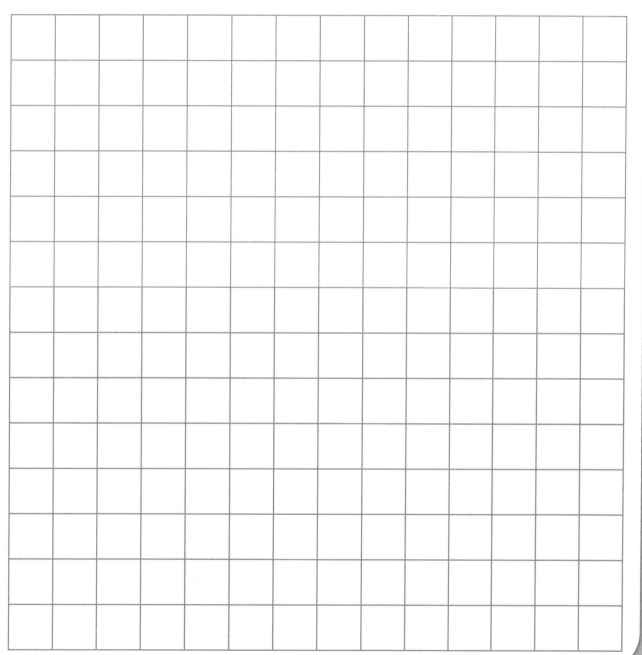

1 두 문장이 이어 주는 말로 바르게 이어지도록 선으로 연결해 보세요.

먹구름이 몰려왔다. 그리고

파란 하늘이 나타났다.

천둥이 치기 시작했다.

골대를 향해 공을 찼다. 그러나

공이 골대 안으로 들어가지 않았다.

공이 골대 안으로 들어갔다.

2 자연스러운 문장이 되도록 알맞은 낱말에 ○표 하세요.

- 달이 찐빵처럼 둥글다 뾰족하다 .

- 손이 난로처럼 얼음처럼 차갑다.

3 ■ 안에 공통으로 들어갈 낱말을 ● 안에 써 보세요.

■를 타고 강을 건넜다.

아이스크림을 많이 먹어서 ■가 아프다.

사과와 ■는 과일이다.

■ 하늘에 별들이 반짝반짝 빛났다.

다람쥐는 ■이나 도토리를 주워 먹는다.

🍊 꼬리에 꼬리를 물어 이어 부르는 노래가 있어요. 빈칸에 가사를 넣어 재미
있게 만들어 보세요.

힌트: 두 대상의 공통점을 찾아 보세요.

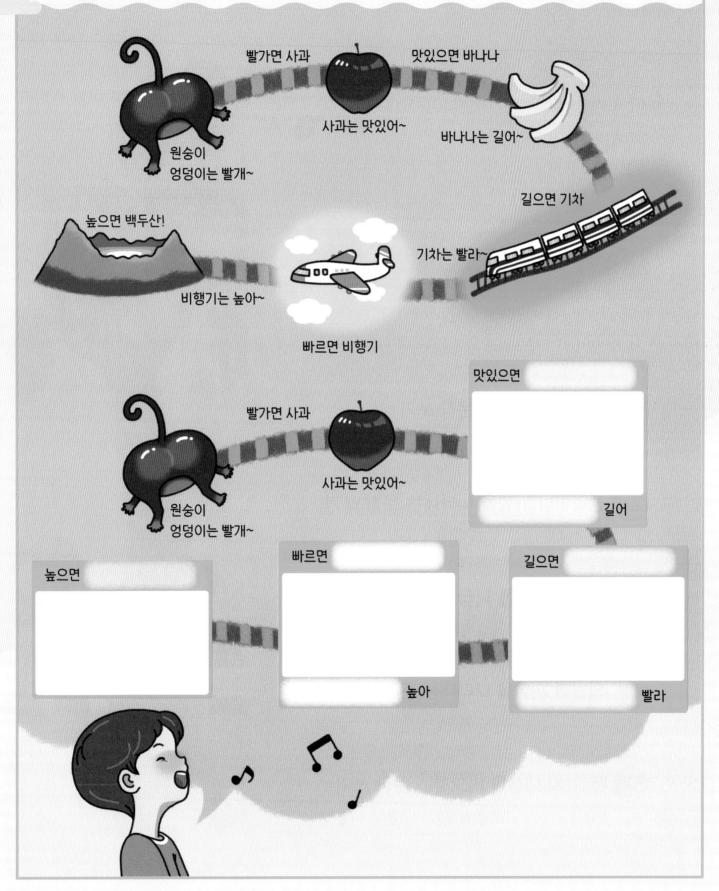

빨가면 사과   맛있으면 바나나

사과는 맛있어~   바나나는 길어~

원숭이
엉덩이는 빨개~

길으면 기차

높으면 백두산!

비행기는 높아~   기차는 빨라

빠르면 비행기

맛있으면

빨가면 사과

사과는 맛있어~

원숭이
엉덩이는 빨개~

길어

높으면   빠르면   길으면

높아   빨라

2주차

사실과 생각을 표현한 문장

무엇을 쓸까요

1회 사실을 나타내는 문장 쓰기

학습 계획일 ◯월 ◯일

2회 생각이나 느낌을 나타내는 문장 쓰기

학습 계획일 ◯월 ◯일

3회 원인과 결과를 나타내는 문장 쓰기

학습 계획일 ◯월 ◯일

4회 의견과 까닭을 나타내는 문장 쓰기

학습 계획일 ◯월 ◯일

5회 두 가지 대상을 비교하는 문장 쓰기

학습 계획일 ◯월 ◯일

여우는 배가 몹시 고파 보이는데 포도를 **쳐다만 보고 있어요**.

왜 포도를 따 먹을 생각을 안 할까요?

여우는 무슨 **생각**으로 불쌍한 표정만 짓고 있는지 궁금하네요.

여우에게 다 익은 포도는 맛있다고, 얼른 따 먹으라고 알려 줄까요?

사실을 나타내는 문장 쓰기

 어떻게 쓸까요

사실을 나타내는 문장

한 것	가족과 함께 놀이공원에 갔다.
본 것	매표소 앞에 사람들이 줄을 서 있었다.
들은 것	안내 방송에서는 오늘 특별 공연이 열린다고 했다.

생각이나 느낌을 쓴 문장은
사실을 나타내는 문장이 아니야.

 **문장 익히기** 사실을 나타내는 문장으로 '한 것', '본 것', '들은 것'을 써 봅니다.

한 것

| 점 | 심 | | 때 | | 핫 | 도 | 그 | 와 | | 주 |
| 스 | 를 | | 사 | | 먹 | 었 | 다 | . | | |

본 것

| 놀 | 이 | 공 | 원 | | 입 | 구 | 에 | | 장 | 미 |
| 꽃 | 이 | | 피 | 어 | | 있 | 었 | 다 | . | |

들은 것

롤	러	코	스	터		위	에	서		사
람	들	의		"	악	~	.	"	하	는		소	리
가		들	렸	다	.					

🖊 사실을 나타내는 문장은 '한 것', '본 것', '들은 것'을 쓴 문장이에요. 어떤 대상에 대해 설명하는 글을 쓸 때에는 생각이나 느낌이 아닌, 사실에 해당하는 내용을 써야 해요.

 글로 써 보기 사실을 나타내는 문장으로 '벌'에 대해 설명하는 글을 따라 써 봅니다.

	벌	의		몸	은		머	리	,	가	슴	,	배
의		세		부	분	으	로		되	어		있	다	.
	벌	은		세		쌍	의		다	리	와		두
쌍	의		날	개	가		있	고	,	몸		끝	에
독	침	이		있	어	서		적	을		쏠		수
있	다	.	벌	의		몸		색	깔	은		어	두
운		갈	색	이	고		날	개	는		희	고	
투	명	하	다	.									

문장 익히기 사실을 나타내는 문장으로 '한 것', '본 것', '들은 것'을 써 보세요.

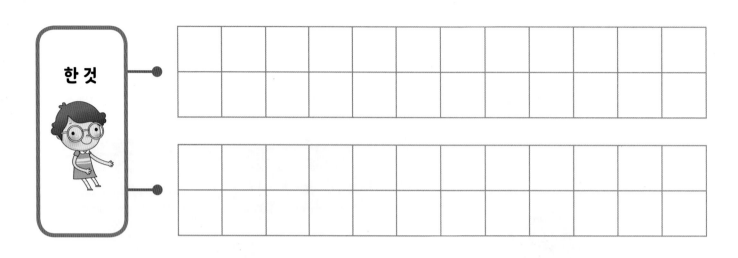

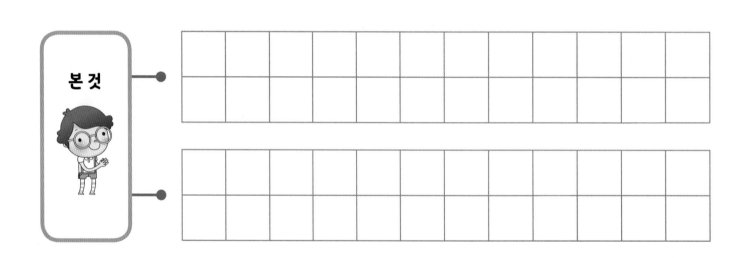

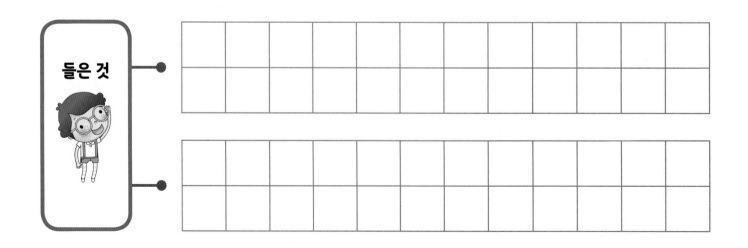

 글로 써 보기 사실을 나타내는 문장으로 '나비'에 대해 설명하는 글을 써 보세요.

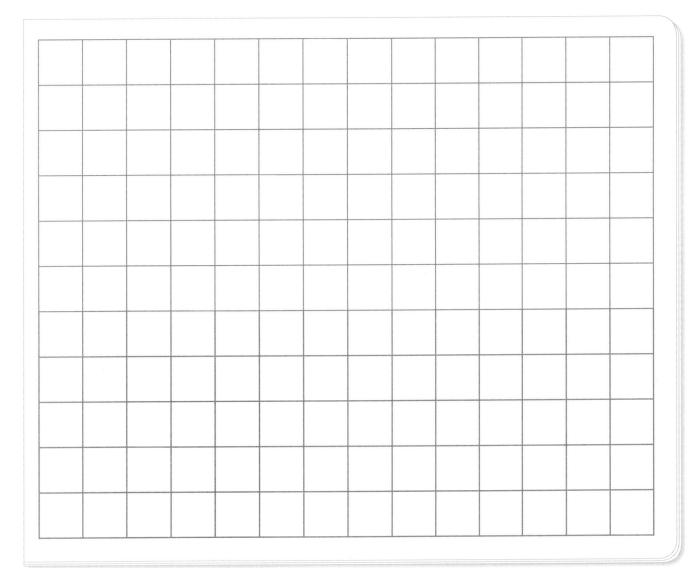

생각이나 느낌을 나타내는 문장 쓰기

어떻게 쓸까요

생각이나 느낌을 나타내는 문장

겪은 일

마당에 나갔는데 똘똘이의 목줄이 풀려 있고, 대문이 열려 있었다.

생각이나 느낌

똘똘이가 사고라도 당했을까 봐 걱정이 되고, 불안했다.

> 겪은 일뿐만 아니라 음악을 듣거나,
> 그림이나 영화를 보거나, 그림책을 읽고
> 나서도 생각이나 느낌을 나타낼 수 있어!

 문장 익히기 겪은 일에 대한 생각이나 느낌을 써 봅니다.

겪은 일

미술 대회에서 상을 받았다. 선생님께서 활짝 웃으시며 내 이름을 불렀다.

생각이나 느낌

	교	실		앞	으	로		나	가	서		상	을
받	는	데		하	늘	로		날	아	갈		것	처
럼		기	분	이		좋	았	다	.				

🖊 겪은 일에 대해 자신의 생각이나 느낌을 문장으로 표현할 때에는 '좋다, 싫다, 멋지다, 아름답다, 즐겁다' 등을 써서 나타낼 수 있어요.

글로 써 보기 그림을 보고, 떠오르는 생각이나 느낌을 써 봅니다.

겪은 일 꼬마 마법사가 마법을 익혀서 괴물을 물리치고 있다.

생각이나 느낌

	꼬	마		마	법	사	가		마	법	을		배
울		때		선	생	님	께		혼	이		나	는
모	습	을		보	고		참		힘	들	겠	다	는
생	각	을		했	다	.							
	괴	물	이		쳐	들	어	왔	을		때		꼬
마		마	법	사	가		마	법	을		쓰	며	
용	감	하	게		싸	우	는		모	습	이		정
말		멋	있	었	다	.							
	나	도		꼬	마		마	법	사	처	럼		용
감	한		사	람	이		되	고		싶	다	.	

문장 익히기 겪은 일에 대한 생각이나 느낌을 써 보세요.

겪은 일

꼬마 아이가 공을 잡으려고 갑자기 찻길로 뛰어나갔다.

생각이나 느낌

겪은 일

복도를 지나가는데, 음악실에서 노래 부르는 소리가 들렸다.

생각이나 느낌

겪은 일

엄마 생신 선물로 리본 모양 머리핀을 샀다.

생각이나 느낌

글로 써 보기 그림을 보고, 떠오르는 생각이나 느낌을 써 보세요.

겪은 일 호수가 햇살을 받아 반짝반짝 빛나고 있다.

생각이나 느낌

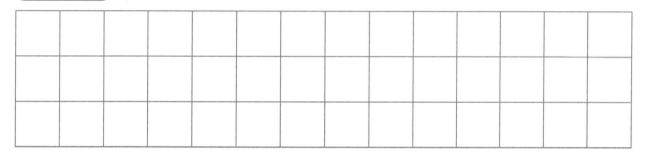

겪은 일 호수를 가로지르는 출렁다리를 아빠 손을 잡고 건너가 보았다.

생각이나 느낌

원인과 결과를 나타내는 문장 쓰기

어떻게 쓸까요

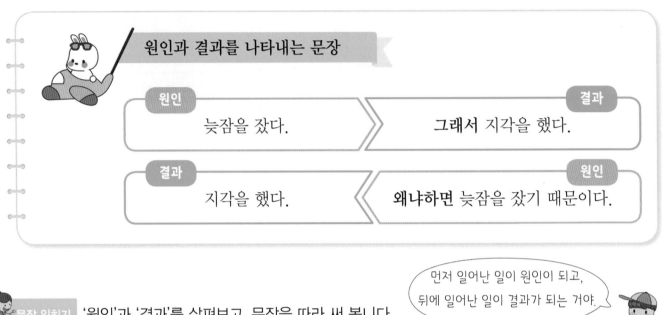

원인과 결과를 나타내는 문장

원인	결과
늦잠을 잤다.	그래서 지각을 했다.

결과	원인
지각을 했다.	왜냐하면 늦잠을 잤기 때문이다.

문장 익히기 '원인'과 '결과'를 살펴보고, 문장을 따라 써 봅니다.

먼저 일어난 일이 원인이 되고, 뒤에 일어난 일이 결과가 되는 거야.

원인	결과
바람이 세게 불었다.	그래서 모자가 날아갔다.

결과	원인
모자가 날아갔다.	왜냐하면 바람이 세게 불었기 때문이다.

일이 일어나게 된 까닭을 '원인'이라고 하고, '원인' 때문에 생긴 일을 '결과'라고 해요. 원인과 결과를 나타내는 문장은 '그래서', '왜냐하면'과 같은 이어 주는 말을 사용해서 쓸 수 있어요.

♣ 흐리게 쓴 글자를 따라 써 보세요.

글로 써 보기 '원인'과 '결과'를 살펴보고, 이어 주는 말 '그래서'와 '왜냐하면'을 넣어 문장을 써 봅니다.

| 사람들이 골목에 쓰레기를 버림. | 골목이 지저분해지고 냄새가 남. | 동네 사람들이 아침마다 골목을 청소함. |

	골	목	이		지	저	분	해	지	고		냄	새
가		났	다	.	왜	냐	하	면		사	람	들	이
골	목	에		쓰	레	기	를		버	렸	기		때
문	이	다	.	그	래	서		동	네		사	람	들
이		아	침	마	다		골	목	을		청	소	했
다	.												

문장 익히기 보기와 같이, 주어진 문장의 원인과 결과가 되는 문장을 써 보세요.

보기

| 원인 | 방 청소를 하지 않았다. |
| 결과 | **그래서** 아빠에게 꾸중을 들었다. |

| 결과 | 방 청소를 하지 않았다. |
| 원인 | **왜냐하면** 숙제를 하느라고 바빴기 때문이다. |

원인 ┌─ 동생의 숙제를 도와주었다.

결과 └─

결과 ┌─ 동생의 숙제를 도와주었다.

원인 └─

원인 ┌─ 송아가 울고 있었다.

결과 └─

결과 ┌─ 송아가 울고 있었다.

원인 └─

'원인'과 '결과'를 살펴보고, 이어 주는 말 '그래서'와 '왜냐하면'을 넣어 문장을 써 보세요.

운동장에서
달리기를 하다가
넘어졌음.

무릎에서
피가 나고
아팠음.

눈물이 났음.

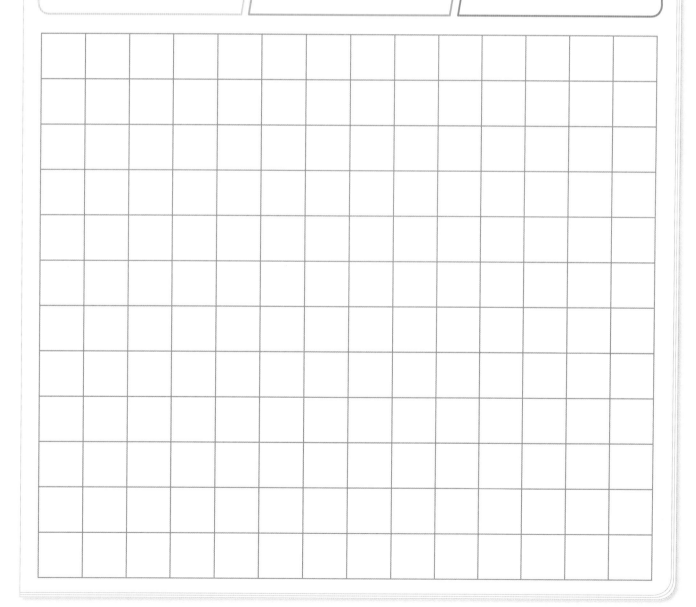

의견과 까닭을 나타내는 문장 쓰기

어떻게 쓸까요

의견과 까닭을 나타내는 문장

알맞은 까닭을 들어 말하면 나의 생각을 다른 사람에게 잘 이해시킬 수 있어.

의견 체육공원으로 소풍을 가자. ▷ **까닭** 그 **까닭은** 운동 경기를 마음껏 할 수 **있기 때문이다.**

의견 고운 말을 사용하자. ▷ **까닭** **왜냐하면** 고운 말을 쓰지 않으면 서로 싸울 수 **있기 때문이다.**

 **문장 익히기** 의견에 대해 까닭을 나타내는 문장을 써 봅니다.

의견 놀이공원으로 소풍을 가자.

까닭 그 까닭은 재미있는 놀이 기구를 실컷 탈 수 있기 때문이다.

의견 박물관으로 소풍을 가자.

까닭 왜냐하면 역사 공부를 할 수 있기 때문이다.

🖊 어떤 문제에 대한 자신의 생각을 '의견'이라고 하는데, 의견을 나타낼 때에는 그렇게 생각하는 까닭을 함께 써야 해요.

🎀 **글로 써 보기** 그림을 보고, 의견과 까닭이 잘 드러나도록 문장을 써 봅니다.

의견

	자	신	의		물	건	에	는		이	름	을	
꼭		써	야		한	다	.						

까닭

	왜	냐	하	면		물	건	을		잃	어	버	렸
을		때		쉽	게		찾	을		수		있	기
때	문	이	다	.									
	또		이	름	을		써		놓	지		않	으
면		똑	같	은		물	건	을		가	진		친
구	들	이		헷	갈	릴		수		있	기		때
문	이	다	.										

 의견에 대해 까닭을 나타내는 문장을 써 보세요.

의견

책을 읽자.

까닭

의견

교실에서 조용히 하자.

까닭

의견

음식을 골고루 먹자.

까닭

글로 써 보기 그림을 보고, 의견과 까닭이 잘 드러나도록 글을 써 보세요.

의견

까닭

어떻게 쓸까요

두 가지 대상을 비교하는 문장

개미	같은 점	벌
다른 점	다리가 6개임.	**다른 점**
날개가 없음.		날개가 있음.

→ 개미와 벌은 둘 다 다리가 6개씩 있다. 다른 점은 개미는 날개가 없고, 벌은 날개가 있다는 점이다.

비교하는 문장은 두 가지 대상의 같은 점과
다른 점이 잘 드러나게 쓰면 돼.

 두 가지 대상을 비교하는 문장을 써서 내용을 정리해 봅니다.

사과

다른 점

• 껍질이 붉은색
이다.
• 칼로 껍질을
깎아서 먹는다.

같은 점

• 나무에서
열린다.
• 새콤달콤한
맛이 난다.

귤

다른 점

• 껍질이 주황색
이다.
• 손으로 껍질을
까서 먹는다.

🖊️ '비교'란 두 가지 대상을 견주어 보고 같은 점, 다른 점 등을 밝히는 것이에요. 비교하는 문장을 쓰려면 비교되는 두 가지 대상의 특징이 잘 드러나게 써야 해요.

🌸흐리게 쓴 글자를 따라 써 보세요.

> 먼저 같은 점을 쓰고
> 차례로 다른 점을 써 봐!

글로 써 보기 사진을 보고, 정리한 내용을 바탕으로 비교하는 글을 써 봅니다.

사과와 귤

	사	과	와		귤	은		둘		다		나	무
에	서		열	리	고	,		새	콤	달	콤	한		맛
이		난	다	.		사	과	는		껍	질	이		붉
은	색	이	고	,		껍	질	을		칼	로		깎	아
서		먹	지	만	,		귤	은		껍	질	이		노
란	색	이	고	,		껍	질	을		손	으	로		까
서		먹	는	다	는		점	이		다	르	다	.	

내용 정리하기 두 가지 대상을 비교하는 문장을 써서 내용을 정리해 보세요.

타조

다른 점

같은 점

앵무새

다른 점

복숭아

다른 점

같은 점

수박

다른 점

타조와 앵무새

복숭아와 수박

1 '생각'이나 '느낌'을 나타내는 문장이 아닌 것을 찾아 ×표 하세요.

진호가 그린 그림이 정말 멋지다. ◯	자두가 새콤달콤하니 참 맛있다. ◯
동생이 아파서 걱정이 된다. ◯	학교에서 피아노를 연주했다. ◯
더러워진 강을 보니 안타깝다. ◯	선물이 궁금해서 참을 수가 없다. ◯

2 두 문장이 이어 주는 말로 바르게 이어지도록 선으로 연결해 보세요.

길에서 넘어졌다.	그래서	열심히 공부했기 때문이다.
		친구와 사이좋게 지냈다.
달리기 연습을 많이 했다.	그래서	무척 부끄러웠다.
		친구가 놀렸기 때문이다.
		할머니의 심부름을 갔다.
속이 상했다.	왜냐하면	체육 대회에서 일등을 했다.

3 다음 까닭에 알맞은 의견을 찾아 ◯표 하세요.

왜냐하면 집안일을 엄마 혼자 하면 엄마가 힘들기 때문이다.
또 집안일은 가족 모두를 위한 일이기 때문이다.

집안일은 아빠가 해야 한다. ◯
집안일은 가족 모두가 함께 해야 한다. ◯
집안일은 나이가 어린 사람이 해야 한다. ◯

규칙대로
넣기

 선을 이어서 별자리를 그려 보고, 별자리 이름을 써 보세요.

힌트: 별자리의 이름은 동물의 모양과 닮았다고 해서 동물의 이름을 따라 붙였습니다.

하늘의 별이 큰곰, 전갈, 토끼랑 닮은 거 같아.

3주차

다양한 종류의 편지글

무엇을 쓸까요

1회 안부 편지 쓰기

학습 계획일 ◯월 ◯일

2회 축하 편지 쓰기

학습 계획일 ◯월 ◯일

3회 감사 편지 쓰기

학습 계획일 ◯월 ◯일

4회 사과 편지 쓰기

학습 계획일 ◯월 ◯일

5회 위문편지 쓰기

학습 계획일 ◯월 ◯일

아이들이 등불에 **쪽지**를 달아 날리고 있어요. 감사한 마음, 축하하는 마음, 안부를 전하는 마음 등을 **편지로** 전하면 더 잘 **표현**할 수 있겠지요? **어떤** 마음을 전하고 싶은지 편지로 써 보기로 해요.

안부 편지 쓰기

어떻게 쓸까요

생각 모으기 할머니께 보낼 안부 편지에 쓸 내용을 떠올려 보고, 생각나는 대로 써 봅니다.

안부 편지에 쓸 내용

할머니의 안부
- 허리 아프신 것은 괜찮은지 걱정됨.
- 멍이가 얼마나 컸는지 궁금함.

나의 소식
- 미술 대회에서 상을 받았음.
- 밤에 혼자서 잘 수 있음.

전하고 싶은 마음
- 늘 건강하셨으면 좋겠음.
- 할머니가 많이 보고 싶음.

안부 편지를 쓸 때에는 내가 한 일을 알려 드리거나, 궁금한 것을 물어보면 돼.

생각 정리 생각나는 대로 쓴 내용 중에서 안부 편지에 쓸 내용을 골라 정리해 봅니다.

받을 사람 할머니께

첫인사 할머니, 안녕하세요?

전하고 싶은 말
- 미술 대회에서 금상을 받은 일
- 밤에 혼자서 잘 수 있게 된 일
- 할머니 허리 아프신 것이 괜찮은지 걱정됨.
- 할머니네 멍이가 얼마나 컸는지 궁금함.
- 할머니가 많이 보고 싶음.

끝인사 할머니, 항상 건강하세요. 다시 뵐 때까지 안녕히 계세요.

쓴 날짜 20○○년 5월 25일

쓴 사람 송나리 드림

'안부'란 편안하게 잘 지내고 있는지 그렇지 않은지에 대한 소식, 또는 인사로 소식을 전하거나 묻는 일을 말해요. '안부 편지'는 상대의 안부를 묻고, 자신의 소식을 전하는 편지예요.

🌸 흐리게 쓴 글자를 따라 써 보세요.

 글로 써 보기 정리한 내용으로 안부 편지를 써 봅니다.

받을 사람	할머니께
첫인사	할머니, 안녕하세요? 저 나리예요.
전하고 싶은 말	할머니께 전해 드릴 소식이 있어요. 학교에서 우리 고장* 그리기 미술 대회가 열렸는데, 제가 금상을 받았어요. 아빠, 엄마가 무척 기뻐하셔서 저도 기분이 좋았어요. 그리고 저 이제 밤에 혼자서도 잘 수 있어요. 제가 잠들 때까지 엄마가 곁에서 책을 읽어 주시는데, 밤에 자다가 깨도 울거나 부모님 방으로 가지 않아요.

할머니, 허리 아프신 건 좀 어떠세요? 계속 아프신 건 아닌지 걱정이 돼요. 그리고 멍이가 얼마나 컸는지도 궁금해요. 지난번에 봤을 때 제 무릎만큼 컸었는데, 지금은 더 컸겠지요? 할머니, 많이 보고 싶어요. 빨리 방학이 되어서 할머니 댁에 가고 싶어요.

끝인사	할머니, 항상 건강하세요. 다시 뵐 때까지 안녕히 계세요.
쓴 날짜	20〇〇년 5월 25일
쓴 사람	송나리 드림

편지의 형식에 맞게 전하고 싶은 마음이 잘 드러나게 써 봐!

* **고장** 사람이 사는 어떤 지역이나 지방.

생각 모으기 방학 때 선생님께 보낼 안부 편지에 쓸 내용을 떠올려 보고, 생각나는 대로 써 보세요.

안부 편지에 쓸 내용

선생님의 안부

나의 소식

전하고 싶은 마음

> 안부 편지를 쓸 때에는 내가 한 일을 알려 드리거나, 궁금한 것을 물어보면 돼.

생각 정리 생각나는 대로 쓴 내용 중에서 안부 편지에 쓸 내용을 골라 정리해 보세요.

받을 사람 선생님께

첫인사

전하고 싶은 말

끝인사

쓴 날짜

쓴 사람

선생님께

편지의 형식에 맞게 전하고 싶은
마음이 잘 드러나게 써 봐!

축하 편지 쓰기

 **에떻게 쓸까요**

 **생각 모으기** 동생에게 보낼 축하 편지에 쓸 내용을 떠올려 보고, 생각나는 대로 써 봅니다.

축하 편지에 쓸 내용

축하할 일
- 동생의 초등학교 입학

전하고 싶은 마음
- 초등학생이 된 것을 축하함.
- 유치원생이라고 그동안 무시했던 것을 사과함.
- 학교에서 힘든 일이 있을 때 도와주겠음.
- 새로운 친구들과 학교에서 재미있게 지냈으면 좋겠음.

> 친구가 상을 받았거나 형이 반장이 되었을 경우와 같이, 다른 사람의 기쁜 일을 축하해 주고 싶을 때 축하 편지를 써 봐!

 생각 정리 생각나는 대로 쓴 내용 중에서 축하 편지에 쓸 내용을 골라 정리해 봅니다.

 받을 사람
사랑하는 동생 성호에게

 첫인사
성호야, 안녕? 나 누나야.

 전하고 싶은 말
- 초등학교에 입학한 것을 축하함.
- 유치원생이라고 그동안 무시했던 것을 사과함.
- 학교에서 힘든 일이 있을 때 도와주고 싶음.
- 새로운 친구들, 새로운 선생님과 학교에서 재미있게 지냈으면 좋겠음.

끝인사
성호야, 입학을 다시 한번 축하해! 그럼, 안녕!

쓴 날짜
20○○년 3월 5일

쓴 사람
누나 성아가

'축하'란 다른 사람의 좋은 일을 함께 기뻐하면서 인사하는 것을 말해요. '축하 편지'는 입학이나 졸업, 생일 등을 축하해 주는 편지예요. 축하하는 마음이 잘 전해지도록 써야 해요.

🌸 흐리게 쓴 글자를 따라 써 보세요.

 **글로 써 보기** 정리한 내용으로 축하 편지를 써 봅니다.

받을 사람 사랑하는 동생 성호에게

첫인사 성호야, 안녕? 나 누나야.

전하고 싶은 말 축하해 주고 싶은 일이 있어서 이렇게 편지를 써.

성호야, 초등학교에 입학*한 것을 정말 축하해! 유치원에 다니던 꼬마 동생이 벌써 초등학생이 되었다니, 누나는 참 기뻐.

그동안 누나가 친구들이랑 게임을 할 때 네가 유치원생이라고 끼워 주지 않았던 거 미안해. 또 누나가 학교에서 있었던 일을 말할 때 넌 그것도 모르냐면서 무시했던 것도 사과할게. 학교에서 힘든 일이나 모르는 것이 있으면 언제든지 물어봐. 누나가 도와줄게.

난 네가 새로운 친구들, 새로운 선생님과 함께 학교에서 재미있게 지냈으면 좋겠어. 초등학교도 유치원만큼 재미있으니까 잘 지낼 수 있을 거야.

끝인사 성호야, 초등학교 입학을 다시 한번 축하해! 그럼, 안녕!

쓴 날짜

20〇〇년 3월 5일

쓴 사람

누나 성아가

> 축하할 일이 무엇인지 밝히고 축하하는 마음이 잘 드러나게 써야 해.

* **입학** 학생이 되어 공부하기 위해 학교에 들어가는 것.

생각 모으기 친구에게 보낼 축하 편지에 쓸 내용을 떠올려 보고, 생각나는 대로 써 보세요.

축하 편지에
쓸 내용

전하고 싶은 마음

축하할 일

> 친구가 상을 받았거나 형이 반장이
> 되었을 경우와 같이, 다른 사람의 기쁜 일을
> 축하해 주고 싶을 때 축하 편지를 써 봐!

생각 정리 생각나는 대로 쓴 내용 중에서 축하 편지에 쓸 내용을 골라 정리해 보세요.

받을 사람

첫인사

전하고 싶은 말

끝인사

쓴 날짜

쓴 사람

정리한 내용으로 축하 편지를 써 보세요.

축하할 일이 무엇인지 밝히고
축하하는 마음이 잘 드러나게
써야 해.

감사 편지 쓰기

어떻게 쓸까요

생각 모으기 친구에게 보낼 감사 편지에 쓸 내용을 떠올려 보고, 생각나는 대로 써 봅니다.

고마운 일
• 윤후랑 싸웠을 때 내 편을 들어 준 일 • 미술 준비물을 빌려 준 일

감사 편지에 쓸 내용

전하고 싶은 마음
• 내 편이 되어 주어서 든든하고 고마웠음. • 준비물을 잘 빌려주어서 고마웠음. • 계속 사이좋게 지내고 싶음.

> 웃어른뿐 아니라 친구나 형, 동생에게 고마운 마음을 전할 때에도 감사 편지를 쓸 수 있어.

생각 정리 생각나는 대로 쓴 내용 중에서 감사 편지에 쓸 내용을 골라 정리해 봅니다.

받을 사람	최지아에게
첫인사	지아야, 안녕?
전하고 싶은 말	• 윤후랑 싸웠을 때 내 편을 들어 준 일 • 미술 시간에 물감이랑 붓을 빌려준 일 • 내 편이 되어 주어서 든든하고 고마웠음. • 준비물을 잘 빌려주어서 고마웠음. • 계속 사이좋게 지내고 싶음.
끝인사	지아야, 짝이 바뀌더라도 우리 계속 사이좋게 지내자. 그럼, 안녕!
쓴 날짜	20○○년 4월 12일
쓴 사람	짝 한준우가

🖋 '감사'란 고맙다고 인사하는 것을 말해요. '감사 편지'는 고마운 일에 대해 감사의 마음을 전하기 위해 쓰는 편지예요.

🌸 흐리게 쓴 글자를 따라 써 보세요.

3 주차

1회
2회
3회
4회
5회

 **글로 써 보기** 정리한 내용으로 감사 편지를 써 봅니다.

받을 사람   지아에게

첫인사   지아야, 안녕? 나 준우야.

전하고 싶은 말   너에게 고마운 일이 있어서 이렇게 편지를 써. 어제 내가 윤후랑 게임을 하다가 싸웠잖아. 그때 지아 네가 내 편을 들어 주어서 정말 고마웠어. 네가 아니었으면 윤후는 내가 잘못했다고 계속 우겼을 거야. 네가 게임하는 걸 지켜봤다면서 나에게 잘못이 없다고 말했을 때, 넌 진짜 내 구세주*였어. 얼마나 든든했는지 몰라.

     그리고 고마운 일이 또 있어. 지난 주 미술 시간에 내가 준비물을 깜빡 잊고 안 가져갔잖아. 그때 네가 물감이랑 붓을 빌려줘서 정말 고마웠어. 나랑 팔레트*까지 나눠 쓰는 바람에 그림을 늦게 완성했잖아. 매번 네 물건을 잘 빌려줘서 고맙게 생각하고 있어. 앞으로는 나도 준비물 잘 챙기도록 할게.

끝인사   지아야, 짝이 바뀌더라도 우리 계속 사이좋게 지내자. 그럼, 안녕!

20○○년 4월 12일

너의 짝 준우가

쓴 날짜

쓴 사람

> 감사 편지를 쓸 때에는
> 고마운 마음이 잘 전해질 수
> 있도록 써야 해.

* **구세주** 어려움에서 구해 주는 사람을 비유적으로 이르는 말.
* **팔레트** 그림을 그릴 때 물감을 짜서 섞는 판.

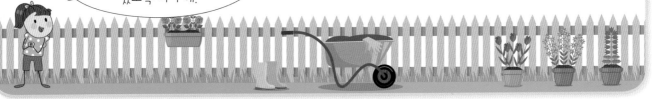

생각 모으기 어버이날 부모님께 보낼 감사 편지에 쓸 내용을 떠올려 보고, 생각나는 대로 써 보세요.

고마운 일

감사 편지에
쓸 내용

전하고 싶은 마음

평소 부모님께 감사했던
일을 떠올려 보고, 고마운
마음을 표현해 봐.

생각 정리 생각나는 대로 쓴 내용 중에서 감사 편지에 쓸 내용을 골라 정리해 보세요.

받을 사람   아빠, 엄마에게

첫인사

전하고 싶은 말

끝인사

쓴 날짜

쓴 사람

 **글로 써 보기** 정리한 내용으로 감사 편지를 써 보세요.

아빠, 엄마에게

감사 편지를 쓸 때에는
고마운 마음이 잘 전해질 수
있도록 써야 해.

사과 편지 쓰기

 어떻게 쓸까요

 생각 모으기 언니에게 보낼 사과 편지에 쓸 내용을 떠올려 보고, 생각나는 대로 써 봅니다.

사과할 일
- 언니 물건을 허락 없이 쓴 일
- 언니 일기장을 몰래 본 일

사과 편지에 쓸 내용

전하고 싶은 마음
- 미안한 마음
- 사랑하는 마음

'나'의 다짐
- 앞으로는 언니 물건을 쓸 때 미리 물어보겠음.
- 언니가 없을 때 언니 방에 들어가지 않겠음.

상대방의 마음이 어땠을지 생각해 보고 진심을 담아 사과하도록 해야 해.

 생각 정리 생각나는 대로 쓴 내용 중에서 사과 편지에 쓸 내용을 골라 정리해 봅니다.

받을 사람	언니에게
첫인사	언니, 안녕? 나 윤아야.

전하고 싶은 말
- 언니 물건을 허락 없이 쓰다가 망가뜨려서 미안함.
- 언니 일기장을 몰래 봐서 미안함.
- 평소에 언니 말을 안 듣고, 언니에게 잘 대들지만 언니를 많이 사랑함.
- 앞으로는 언니 물건을 쓸 때 미리 물어보겠음.
- 언니가 없을 때 언니 방에 들어가지 않겠음.

끝인사	언니, 앞으로도 나랑 잘 놀아 줄 거지? 언니도 약속해 줘. 그럼, 안녕!
쓴 날짜	20○○년 7월 2일
쓴 사람	언니의 귀여운 동생 윤아가

💬 '사과 편지'는 잘못을 인정하고 용서를 빌기 위해 쓰는 편지예요. '사과 편지'를 쓸 때에는 먼저 자신의 잘못에 대해 쓰고, 미안해하는 마음이 잘 전해질 수 있게 진심을 담아 써요.

🌸 흐리게 쓴 글자를 따라 써 보세요.

 글로 써 보기 정리한 내용으로 사과 편지를 써 봅니다.

받을사람 언니에게

첫인사 언니, 안녕? 나 윤아야.

전하고 싶은 말 내 편지 받고 놀랐지? 언니에게 직접 사과하고 싶었는데, 용기가 안 나서 이렇게 편지를 써.

언니가 아끼는 펜 몰래 쓰다가 망가뜨린 거랑 고양이 장식 머리핀을 언니에게 말 안 하고 학교에 꽂고 가서 미안해. 그리고 언니 일기장 몰래 본 것도 미안해. 언니가 나에게 비밀이 너무 많은 것 같아서 언니 일기장을 살짝 봤어. 내가 잘못했으니까 용서해 줄래?

내가 평소에 언니 말 안 듣고, 언니에게 잘 대들지만 언니를 많이 사랑하는 거 알지? 앞으로 언니 물건 쓰고 싶을 때에는 미리 물어볼게. 또 언니가 없을 때 절대로 언니 방에 들어가지 않을 거야. 약속할게.

끝인사 언니, 앞으로도 나랑 잘 놀아 줄 거지? 언니도 약속해 줘.
그럼, 안녕!

쓴 날짜 20○○년 7월 2일
쓴사람 언니의 귀여운 동생 윤아가

사과 편지를 쓸 때에는 사과를 한 후, 앞으로 어떻게 하겠다는 다짐을 덧붙여 쓰는 게 좋아.

 생각 모으기 친구에게 보낼 사과 편지에 쓸 내용을 떠올려 보고, 생각나는 대로 써 보세요.

사과 편지에
쓸 내용 ♥

전하고 싶은 마음

사과할 일

'나'의 다짐

상대방의 마음이 어땠을지
생각해 보고 진심을 담아
사과하도록 해야 해.

생각 정리 생각나는 대로 쓴 내용 중에서 사과 편지에 쓸 내용을 골라 정리해 보세요.

받을 사람

첫인사

전하고 싶은 말

끝인사

쓴 날짜

쓴 사람

사과 편지를 쓸 때에는 사과를
한 후, 앞으로 어떻게 하겠다는
다짐을 덧붙여 쓰는 게 좋아.

위문편지 쓰기

생각 모으기 친구에게 보낼 위문편지에 쓸 내용을 떠올려 보고, 생각나는 대로 써 봅니다.

위문편지에 쓸 내용

위로할 일
- 다리를 다친 일
- 축구 경기에 나갈 수 없게 된 일

전하고 싶은 마음
- 학교에 오면 옆에서 많이 도와주겠음.
- 다리가 나으면 같이 축구 연습을 하고 싶음.
- 경기는 또 있으니까 너무 실망하지 않았으면 좋겠음.
- 열심히 연습하면 축구 실력이 더 좋아질 것임.
- 네가 없어서 학교생활이 심심함.

> 힘든 일을 겪고 있는 사람에게 힘이 나는 내용으로 써 봐!

생각 정리 생각나는 대로 쓴 내용 중에서 위문편지에 쓸 내용을 골라 정리해 봅니다.

 받을 사람
김신우에게

첫인사
신우야, 잘 있니? 다리 다친 것은 좀 어때?

 전하고 싶은 말
- 학교에 다시 나오면 가방도 들어 주고 옆에서 많이 도와주겠음.
- 축구 경기는 몇 달 뒤에 또 있음.
- 다리가 다 나으면 같이 축구 연습을 하고 싶음.
- 열심히 연습하면 축구 실력이 더 좋아질 것임.
- 네가 없어서 학교생활이 심심함.

끝인사
신우야, 잘 지내고, 빨리 다리가 낫길 바랄게. 그럼, 안녕!

쓴 날짜
20○○년 9월 30일

쓴 사람
네 단짝 최민성이가

'위문'이란 위로하려고 찾아가거나 안부를 묻는 것을 말해요. '위문편지'는 몸이 아픈 사람, 힘든 일을 하는 사람, 어려운 일을 겪고 슬퍼하는 사람을 위로하기 위해 쓰는 편지예요.

 **글로 써 보기** 정리한 내용으로 위문편지를 써 봅니다.

받을 사람   신우에게

첫인사   신우야, 잘 있니? 다리 다친 것은 좀 어때?

전하고 싶은 말   네가 다쳤다는 소식 듣고 깜짝 놀랐어. 특히 축구부 친구들이랑 형들이 많이 걱정했단다. 다음 주에는 네가 다시 학교에 나올 수 있다고 선생님께 얘기 들었어. 학교에 나오면 내가 가방도 들어 주고 옆에서 많이 도와줄게. 다리가 다 나을 때까지 시키고 싶은 일이 있으면 나한테 말만 해! 내가 다 해 줄게.

이번 축구 경기에 나가지 못해서 많이 실망했지? 축구 경기에 처음 나간다고 연습도 많이 했는데 말이야……. 하지만 경기는 몇 달 뒤에 또 있으니까 너무 실망하지 마. 다리가 다 나으면 나랑 같이 연습하자! 열심히 연습하면 우리 축구 실력이 쑥 올라가겠지? 네가 없으니까 학교생활이 너무 심심해. 네가 빨리 돌아왔으면 좋겠어.

끝인사   신우야, 잘 지내고, 빨리 다리가 낫기를 바랄게. 그럼, 안녕!

쓴 날짜   20○○년 9월 30일

쓴 사람   네 단짝 민성이가

> 위문편지를 쓸 때에는 힘든 일을 겪고 있는 사람이 힘든 일을 이겨 낼 수 있도록 따뜻한 말로 용기를 주어야 해.

생각 모으기 국군 아저씨에게 보낼 위문편지에 쓸 내용을 떠올려 보고, 생각나는 대로 써 보세요.

위문편지에
쓸 내용

위로할 일

전하고 싶은 마음

국군 아저씨들은 나라를 지키느라 고생하고 계셔. 국군 아저씨에게 힘을 줄 수 있는 따뜻한 말을 떠올려 봐!

생각 정리 생각나는 대로 쓴 내용 중에서 위문편지에 쓸 내용을 골라 정리해 보세요.

받을 사람 | 국군 아저씨께

첫인사

전하고 싶은 말

끝인사

쓴 날짜

쓴 사람

국군 아저씨께

위문편지를 쓸 때에는 힘든 일을
겪고 있는 사람이 힘든 일을 이겨 낼 수
있도록 따뜻한 말로 용기를 주어야 해.

1 편지를 쓰는 차례입니다. 빈칸에 들어갈 알맞은 말을 보기 에서 찾아 써 보세요.

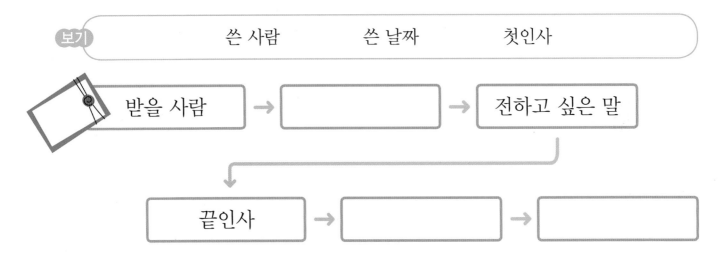

보기   쓴 사람   쓴 날짜   첫인사

받을 사람 → [   ] → 전하고 싶은 말

끝인사 → [   ] → [   ]

2 편지에 들어가는 내용 중 무엇에 대한 설명인지 알맞은 것에 ○표 하세요.

편지를 끝낼 때 상대방에게 잘 지내라고 하는 마무리 인사

첫인사 ☐   전하고 싶은 말 ☐   끝인사 ☐

3 편지에서 '전하고 싶은 말'에 쓸 내용으로 알맞은 것에 ○표 하세요.

지아야, 안녕? 나 준우야.

네가 다쳤다는 소식 듣고 깜짝 놀랐어. 특히 축구부 친구들이랑 형들이 많이 걱정했단다.

언니, 앞으로도 나랑 잘 놀아 줄 거지? 언니도 약속해 줘. 그럼, 안녕!

할머니, 항상 건강하세요. 다시 뵐 때까지 안녕히 계세요.

미로 찾기

미로를 통과해 친구에게 편지를 주려고 해요. 상황에 맞는 편지를 받은 동물에 ○표 해 보세요.

힌트: 길을 따라 가면 친구에게 갈 수 있어요.

4주차 다양한 형식의 독서 카드

무엇을 쓸까요

1회 일기 형식의 독서 카드 쓰기

학습 계획일 ◯월 ◯일

2회 편지 형식의 독서 카드 쓰기

학습 계획일 ◯월 ◯일

3회 동시 형식의 독서 카드 쓰기

학습 계획일 ◯월 ◯일

4회 인터뷰 형식의 독서 카드 쓰기

학습 계획일 ◯월 ◯일

5회 책 소개하는 글 쓰기

학습 계획일 ◯월 ◯일

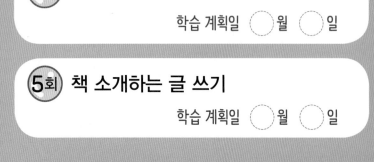

미래의 도서관은 이런 모습이었으면 좋겠어요. 아이들이 읽고 싶은 책도 많고, 편한 자세로 책도 읽을 수 있는 도서관이요!

책을 읽고 **독서 카드를 쓰면** 책의 **내용**을 잘 **기억**할 수 있는데 우리 친구들은 **어떤 형식**의 독서 카드를 쓸까요?

나는 「인어공주」를 읽고 있어. 지금 인어공주가 물거품이 되어 사라지는 장면인데 눈물이 나!

나는 「토끼전」을 읽었어. 토끼는 정말 꾀가 많은 거 같아!

일기 형식의 독서 카드 쓰기

어떻게 쓸까요

생각 모으기 책을 읽고 기억에 남는 장면, 생각이나 느낌 등을 생각나는 대로 정리해 봅니다.

등장인물

• 용왕
• 자라
• 토끼

『토끼전』

기억에 남는 장면

• 자라가 토끼를 용궁으로 데려
  가려고 속이는 장면
• 토끼가 다시 땅으로 올라와 자
  라를 놀리며 떠나는 장면

생각이나 느낌

• 욕심을 부리면 안 됨.
• 어려운 일이 있을 때에는 침착하게 행동해야 함.

> 등장인물은 책에 나오는 인물 중
> 중요한 인물만 쓰면 돼.

생각 정리 생각나는 대로 쓴 내용 중에서 일기 형식의 독서 카드에 쓸 내용을 정리해 봅니다.

날짜와 요일	20○○년 11월 29일 월요일	날씨	선선한 바람이 불고 맑음.

제목	꾀 많은 토끼

겪은 일	학교 도서관에서 빌린 『토끼전』을 읽음. 책 내용이 재미있어서 기억에 남음.

책 내용
• 용왕이 큰 병에 걸렸는데, 토끼의 간을 먹으면 낫는다는 말을 듣게 됨.
• 자라가 토끼의 간을 구하러 땅으로 올라가 토끼를 만남.
• 토끼가 자라의 말에 속아서 자라와 함께 용궁으로 감.
• 죽을 위험에 처한 토끼가 꾀를 내어 간을 놓고 왔다고 거짓말을 함.
• 다시 땅으로 온 토끼는 어리석은 자라를 놀리고 도망감.

생각이나 느낌
• 토끼처럼 욕심을 부리다가 나쁜 일을 당할 수 있음.
• 어려운 일이 있을 때 침착하게 행동하면 문제를 해결할 수 있음.

'독서 카드'란 책을 읽고 나서 책의 내용과 자신의 생각이나 느낌을 기록한 것을 말해요. 일기 형식의 독서 카드를 쓸 때에는 책의 내용, 생각이나 느낌 등을 일기 형식에 맞게 써요.

● 흐리게 쓴 글자를 따라 써 보세요.

글로 써 보기 정리한 내용으로 일기 형식의 독서 카드를 써 봅니다.

| 날짜와 요일 | 20○○년 11월 29일 월요일 | 날씨 | 선선한 바람이 불고 맑음. |

제목   꾀 많은 토끼

겪은 일   오늘 학교 도서관에서 『토끼전』을 빌려 읽었다. 책 내용이 재미있어서 기억에 남았다.

책 내용   바닷속 용왕이 큰 병에 걸렸는데, 토끼의 간을 먹으면 낫는다는 말을 듣게 된다. 그래서 자라가 토끼의 간을 구하러 간다. 자라는 땅으로 올라가 토끼를 만나고, 토끼에게 용궁으로 가면 보물도 얻고, 맛있는 음식도 잔뜩 먹을 수 있다며 함께 가자고 한다. 토끼는 보물을 얻을 욕심에 용궁으로 가지만, 곧 자라에게 속은 것을 알게 된다. 죽을 위험에 처한 토끼는 침착하게 꾀를 내어 육지에 간을 놓고 왔다고 거짓말을 하고, 자라와 함께 다시 땅으로 올라온다. 토끼는 땅으로 올라오자마자 어리석은* 자라를 놀리며 도망가 버린다.

생각이나 느낌   토끼처럼 욕심을 부리다가 나쁜 일을 당할 수 있지만 어려운 일이 생겼을 때 토끼처럼 침착하게 행동하면 문제를 해결할 수도 있다는 것을 알았다.

> 책 내용을 정리할 때에는 일이 일어난 순서대로 내용을 간단하게 쓰면 돼.

* **어리석은** 똑똑하지 못하고 둔한.

생각 모으기 책을 읽고 기억에 남는 장면, 생각이나 느낌 등을 생각나는 대로 정리해 보세요.

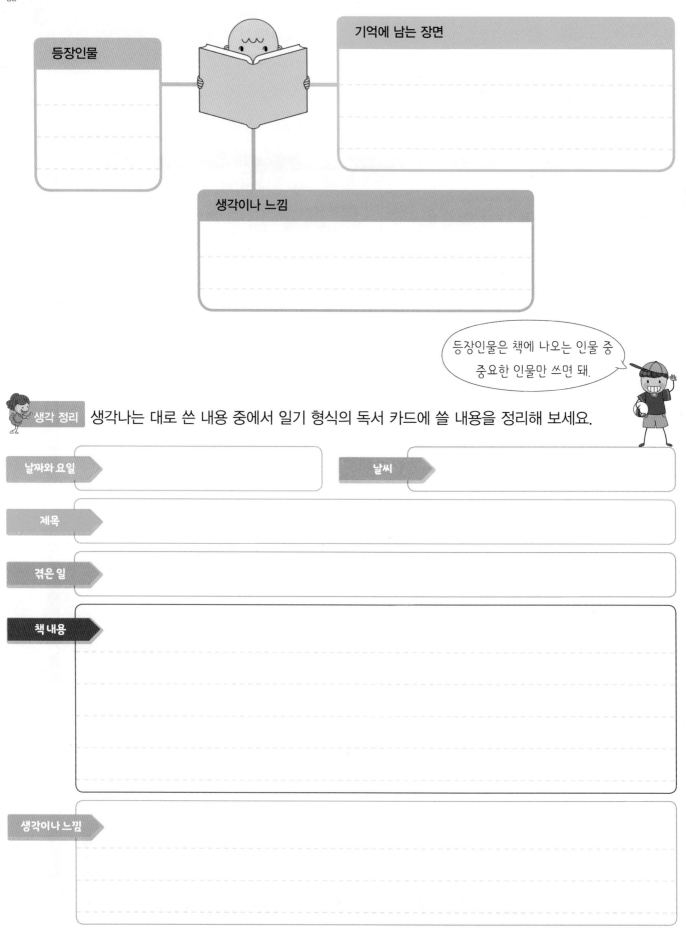

등장인물

기억에 남는 장면

생각이나 느낌

등장인물은 책에 나오는 인물 중
중요한 인물만 쓰면 돼.

생각 정리 생각나는 대로 쓴 내용 중에서 일기 형식의 독서 카드에 쓸 내용을 정리해 보세요.

날짜와 요일

날씨

제목

겪은 일

책 내용

생각이나 느낌

날짜와 요일

날씨

책 내용을 정리할 때에는
일이 일어난 순서대로 내용을
간단하게 쓰면 돼.

편지 형식의 독서 카드 쓰기

책을 읽고 기억에 남는 등장인물의 말이나 행동을 떠올리고, 생각이나 느낌을 생각나는 대로 정리해 봅니다.

『행복한 왕자』

기억에 남는 말이나 행동

- 제비가 행복한 왕자의 루비를 아픈 아이의 집에 가져다줌.
- "저는 왕자님과 늘 함께 있겠어요."
- 천사가 왕자의 심장과 죽은 제비를 하늘로 데려감.

기억에 남는 인물

- 제비

생각이나 느낌

- 불쌍한 사람들을 위해 왕자의 심부름을 하다가 죽은 제비가 정말 훌륭함.
- 다른 사람을 위해 사는 것이 진짜 행복임.

  생각나는 대로 쓴 내용 중에서 편지 형식의 독서 카드에 쓸 내용을 정리해 봅니다.

받을 사람	왕자를 도운 제비에게

> 기억에 남는 인물은 주인공일 수도 있고, 주인공이 아닐 수도 있어.

첫인사	제비야, 안녕? 나는 권송아라고 해.

전하고 싶은 말

- 제비가 왕자의 루비를 아픈 아이의 집에 가져다주는 모습이 기억에 남음.
- 사실 제비가 빨리 따뜻한 나라로 갔으면 했음.
- 제비는 따뜻한 나라로 가지 않고, 왕자의 사파이어와 금 조각을 사람들에게 전해 줌.
- 행복한 왕자와 제비 덕분에 마을의 가난한 사람들이 행복해짐.
- 다른 사람을 위해 사는 것이 참된 행복임을 알게 됨.

끝인사	제비야, 천국에서는 왕자와 함께 행복하게 살아야 해. 안녕!
쓴 날짜	20◯◯년 10월 7일
쓴 사람	권송아가

88 쓰기가 문해력이다

편지 형식의 독서 카드를 쓸 때에는 책에 나오는 등장인물 중 한 사람을 고르고, 그 사람에게 하고 싶은 말을 편지 형식에 맞게 써요.

💠 흐리게 쓴 글자를 따라 써 보세요.

글로 써 보기 정리한 내용으로 편지 형식의 독서 카드를 써 봅니다.

| 받을 사람 | 왕자를 도운 제비에게 |
| 첫인사 | 제비야, 안녕? 나는 권송아라고 해. |

전하고 싶은 말 ▶ 『행복한 왕자』를 읽고, 제비 네가 기억에 남아서 너에게 편지를 쓰고 싶었어.

네가 왕자의 부탁으로 왕자의 칼자루에 박혀 있던 루비를 아픈 아이의 집에 가져다주는 모습이 기억에 남아. 사실 난 네가 빨리 친구들이 있는 따뜻한 나라로 갔으면 했거든. 그런데 넌 왕자의 부탁을 거절하지 않았어. 그 뒤에도 넌 왕자의 사파이어와 금 조각을 사람들에게 전해 주지. 너와 행복한 왕자 덕분에 마을의 가난한 사람들이 행복해질 수 있었어.

하지만 겨울이 되어 심부름을 하던 네가 얼어 죽고, 볼품없어진 왕자의 동상을 사람들이 녹였을 때 나는 너무 슬퍼서 눈물이 났단다. 천사가 와서 너와 왕자의 녹슨 심장을 하늘로 데려갔을 때 얼마나 기뻤는지 몰라. 행복한 왕자와 너를 보고, 다른 사람을 위해 사는 것이 참된 행복이라는 것을 깨달았어.

끝인사 제비야, 천국에서는 왕자와 함께 행복하게 살아야 해. 안녕!

쓴 날짜 20○○년 10월 7일

기억에 남는 등장인물의 말이나 행동에서 느낀 점을 자세히 쓰면 돼.

쓴 사람 권송아가

생각 모으기 책을 읽고 기억에 남는 등장인물의 말이나 행동을 떠올리고, 생각이나 느낌을 생각나는 대로 정리해 보세요.

기억에 남는 말이나 행동

기억에 남는 인물

생각이나 느낌

> 기억에 남는 인물은 주인공일 수도 있고,
> 주인공이 아닐 수도 있어.

생각 정리 생각나는 대로 쓴 내용 중에서 편지 형식의 독서 카드에 쓸 내용을 정리해 보세요.

받을 사람

첫인사

전하고 싶은 말

끝인사

쓴 날짜

쓴 사람

글로 써 보기 정리한 내용으로 편지 형식의 독서 카드를 써 보세요.

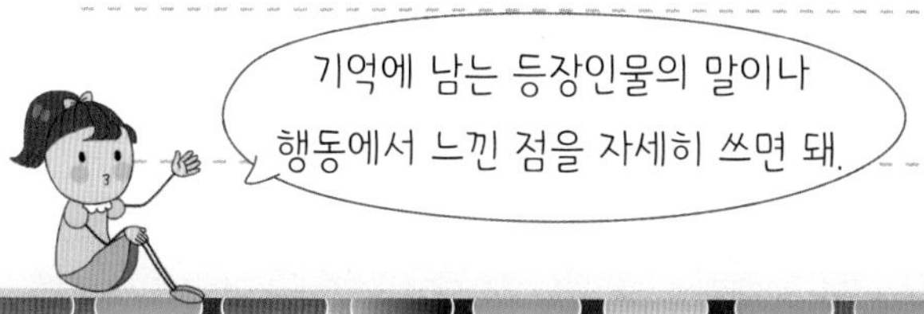
기억에 남는 등장인물의 말이나
행동에서 느낀 점을 자세히 쓰면 돼.

동시 형식의 독서 카드 쓰기

 어떻게 쓸까요

 **생각 모으기** 책을 읽고 기억에 남는 장면, 생각이나 느낌 등을 생각나는 대로 정리해 봅니다.

『아낌없이 주는 나무』

기억에 남는 말이나 행동

• 소년이 돈이 필요하다고 하자 나무가 자신의 사과를 따서 팔라고 함.
• 어른이 된 소년이 집이 필요하다고 하자 나무가 자신의 가지를 베어다가 집을 지으라고 함.
• 늙은 소년에게 자신의 밑동을 내어 주며 편히 쉬라고 함.

기억에 남는 인물

• 나무

생각이나 느낌

• 소년에게 자신의 모든 것을 내어 주는 나무가 꼭 엄마 같음.
• 나무에게 받기만 하는 소년이 얄미움.

> 동시에서 한 줄 한 줄을 행이라고 하고, 행이 모인 덩어리를 연이라고 해.

 생각 정리 생각나는 대로 쓴 내용 중에서 동시 형식의 독서 카드에 쓸 내용을 정리해 봅니다.

| 제목 | 나무는 엄마 같아! | 이름 | 김지호 |

동시로 표현하고 싶은 내용

• 소년이 돈이 필요하다고 하자 나무가 자신의 사과를 따서 팔라고 함. ⇨ **시의 1연**

• 어른이 된 소년이 집이 필요하다고 하자 나무가 자신의 가지를 베어다가 집을 지으라고 함. ⇨ **시의 2연**

• 늙은 소년이 찾아와 쉬고 싶다고 하자 나무가 자신의 밑동을 내어 주며 편히 쉬라고 함. ⇨ **시의 3연**

• 자신의 모든 것을 다 주는 나무가 꼭 엄마 같음. 나무에게 받기만 하는 소년이 얄미움. ⇨ **시의 4연**

'동시'란 어린이들의 생활 모습이나 마음을 어린이들이 이해할 수 있는 말로 표현한 글이에요.
동시 형식의 독서 카드를 쓸 때에는 책을 읽고 느낀 점이나 생각을 짧은 문장으로 표현하면 돼요.

● 흐리게 쓴 글자를 따라 써 보세요.

글로 써 보기 정리한 내용으로 동시 형식의 독서 카드를 써 봅니다.

제목 ▷   나무는 엄마 같아!

이름 ▷   김지호

1연 나무야, 돈이 필요해!
     자, 내 사과를 팔렴.

2연 나무야, 집이 필요해!
     자, 내 가지를 가져가렴.

3연 나무야, 난 이제 늙었어.
     편히 쉴 곳이 필요해.
     자, 여기 내 밑동*에서 쉬렴.

4연 모든 것을 다 주는
     나무는 엄마 같아!
     받기만 하는 얄미운
     소년은 나일까?

이야기 속 등장인물의 행동이나
마음을 흉내 내는 말, 반복되는 말 등을
이용해서 재미있게 표현해 봐.

* **밑동** 나무줄기에서 뿌리에 가까운 부분.

 **생각 모으기** 책을 읽고 기억에 남는 장면, 생각이나 느낌 등을 생각나는 대로 정리해 보세요.

기억에 남는 말이나 행동

기억에 남는 인물

생각이나 느낌

동시에서 한 줄 한 줄을
행이라고 하고, 행이 모인
덩어리를 연이라고 해.

생각 정리 생각나는 대로 쓴 내용 중에서 동시 형식의 독서 카드에 쓸 내용을 정리해 보세요.

제목

이름

**동시로 표현하고
싶은 내용**

글로 써 보기 | 정리한 내용으로 동시 형식의 독서 카드를 써 보세요.

제목

이름

이야기 속 등장인물의 행동이나
마음을 흉내 내는 말, 반복되는 말 등을
이용해서 재미있게 표현해 봐.

인터뷰 형식의 독서 카드 쓰기

 어떻게 쓸까요

생각 모으기 위인전을 읽고 위인에 대해 인상 깊었던 점을 생각나는 대로 정리해 봅니다.

기억에 남는 일

• 어린 시절 닭장에 들어가 몇 시간 동안 암탉이 알을 낳는 장면을 지켜본 일
• 침팬지들에게 이름을 붙여 주고 친구가 된 일

『침팬지들의 친구 제인 구달』

본받고 싶은 점

• 좋아하는 것을 하기 위해 아프리카로 떠난 용기
• 침팬지와 가까워지기 위해 힘든 생활을 참고 견딘 인내심

업적

• 침팬지가 도구를 사용한다는 사실을 밝혀냄.
• 동물 보호 운동과 환경 운동을 벌임.

> 위인전을 읽고 인상 깊었던 점이나 느낀 점을 '질문-대답'의 형식으로 만들어 봐!

생각 정리 생각나는 대로 쓴 내용 중에서 인터뷰 형식의 독서 카드에 쓸 내용을 정리해 봅니다.

제목 침팬지들의 어머니, 제인 구달을 만나다!

인터뷰 대상자 침팬지 연구가, 환경 운동가 '제인 구달'

묻고 싶은 것
• **질문 1** 어린 시절이나 침팬지를 연구하는 동안 특별히 기억에 남는 일은?
  ⇨ **대답 1** 어린 시절 암탉이 알을 낳는 장면을 지켜본 일과 침팬지들에게 이름을 붙여 주고 친구가 된 일
• **질문 2** 많은 업적 중에서 특히 높이 평가하고 싶은 일은?
  ⇨ **대답 2** 침팬지가 도구를 사용한다는 사실을 밝혀낸 일
• **질문 3** 어린이들에게 특별히 하고 싶은 말은?
  ⇨ **대답 3** 꿈을 이루기 위해서는 용기와 인내심을 가져야 함.

'인터뷰'란 필요한 내용을 얻기 위해 어떤 사람을 만나 이야기하는 것을 말해요. 인터뷰 형식의 독서 카드를 쓸 때에는 인상 깊은 내용이나 알게 된 내용을 '질문–대답'의 형식으로 써요.

♣ 흐리게 쓴 글자를 따라 써 보세요.

글로 써 보기 정리한 내용으로 인터뷰 형식의 독서 카드를 써 봅니다.

제목 ▶ 침팬지들의 어머니, 제인 구달을 만나다!

학생 기자: 어린 시절이나 침팬지를 연구하시는 동안 특별히 기억에 남는 일이 있으신가요?

제인 구달: 어렸을 때 암탉이 알을 낳는 장면을 보려고 닭장 안에서 몇 시간을 기다린 적이 있어요. 제가 없어져서 가족들이 저를 찾느라고 혼났지요. 그리고 침팬지를 연구할 때 침팬지들에게 이름을 붙여 주고 친구가 되었던 순간이 가장 기억에 남아요.

학생 기자: 많은 업적* 중에서 특히 높이 평가하시고 싶은 일은 무엇인가요?

제인 구달: 침팬지를 연구하면서 침팬지도 도구*를 사용한다는 점을 알게 되었어요. 그전까지는 인간만이 도구를 사용한다고 알고 있었는데, 동물도 도구를 사용한다는 것을 밝혀낸 거지요.

학생 기자: 어린이들에게 특별히 해 주고 싶으신 말은 무엇인가요?

제인 구달: 꿈을 이루기 위해서는 용기가 필요해요. 또 힘든 일을 견딜 줄 아는 인내심도 가져야 합니다.

위인전을 읽고 위인이 한 일 중 기억에 남는 일, 위인의 업적, 위인에게 본받고 싶은 점을 질문하고, 위인이 직접 대답을 하는 것처럼 답을 쓰면 돼.

* **업적** 열심히 일해서 이룬 훌륭한 결과.
* **도구** 일을 할 때 쓰는 물건을 통틀어 이르는 말.

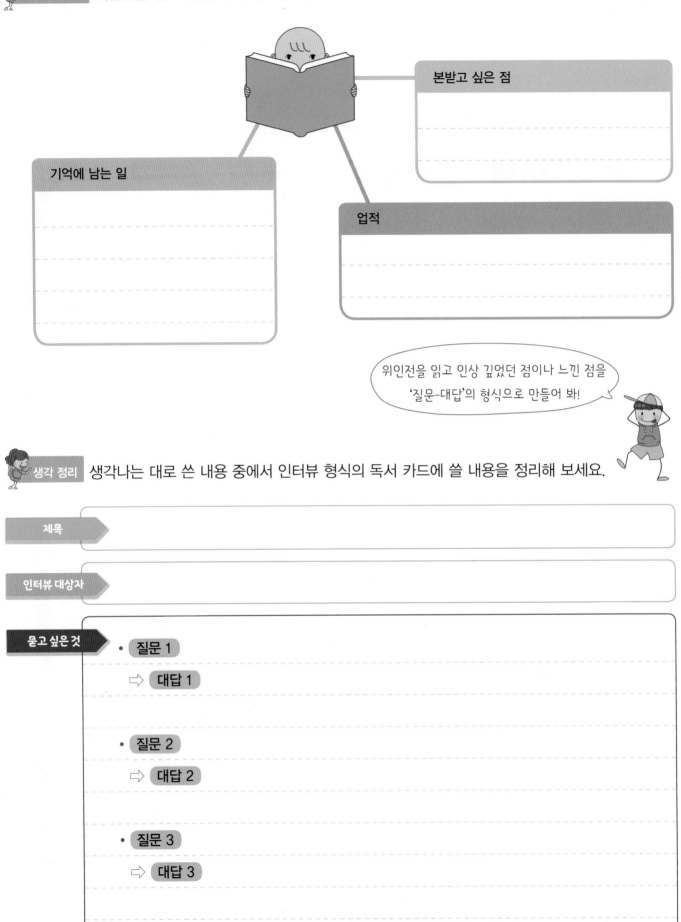

생각 모으기 위인전을 읽고 위인에 대해 인상 깊었던 점을 생각나는 대로 정리해 보세요.

본받고 싶은 점

기억에 남는 일

업적

위인전을 읽고 인상 깊었던 점이나 느낀 점을
'질문-대답'의 형식으로 만들어 봐!

생각 정리 생각나는 대로 쓴 내용 중에서 인터뷰 형식의 독서 카드에 쓸 내용을 정리해 보세요.

제목

인터뷰 대상자

묻고 싶은 것
• 질문 1
⇨ 대답 1

• 질문 2
⇨ 대답 2

• 질문 3
⇨ 대답 3

제목

위인전을 읽고 위인이 한 일 중
기억에 남는 일, 위인의 업적, 위인에게 본받고
싶은 점을 질문하고, 위인이 직접 대답을
하는 것처럼 답을 쓰면 돼.

4
주차
1회
2회
3회
4회
5회

책 소개하는 글 쓰기

 어떻게 쓸까요

생각 모으기 책을 읽고 소개하고 싶은 내용을 생각나는 대로 정리해 봅니다.

책을 읽게 된 까닭
• 만화 영화를 보고 책이 읽고 싶어짐.

『오즈의 마법사』

책의 내용
• 도로시와 친구들이 각자의 소원을 이루기 위해 마법사 오즈를 찾아가는 내용

기억에 남는 장면
• 도로시가 허수아비, 양철 나무꾼, 사자를 만나는 장면
• 도로시와 친구들이 오즈가 가짜 마법사라는 것을 알게 되는 장면

생각이나 느낌
• 도로시와 친구들처럼 모험을 떠나고 싶음.
• 마법사 오즈를 만나 달리기를 잘하게 해 달라고 빌고 싶음.

 생각 정리 생각나는 대로 쓴 내용 중에서 책을 소개하는 글에 쓸 내용을 정리해 봅니다.

제목 『오즈의 마법사』를 소개합니다!

책을 읽게 된 까닭 만화 영화를 재미있게 보고 나서 책이 읽고 싶어짐.

책 내용
• 도로시와 친구들이 각자의 소원을 이루기 위해 마법사 오즈를 찾아감.
• 오즈에게 허수아비는 뇌를, 양철 나무꾼은 심장을, 사자는 용기를 선물받고, 도로시는 착한 마녀의 도움으로 고향으로 돌아감.

> 책의 내용과 기억에 남는 장면, 느낀 점을 차례로 써도 좋고, 내용이나 기억에 남는 장면의 중간중간에 느낀 점을 써도 좋아!

기억에 남는 장면
• 도로시가 마법사 오즈를 찾아가는 길에 허수아비, 양철 나무꾼, 겁쟁이 사자를 한 명씩 만나는 장면
• 도로시와 친구들이 온갖 위험을 무릅쓰고 마법사 오즈를 찾아갔을 때, 오즈가 가짜 마법사라는 것을 알게 되는 장면

생각이나 느낌
• 도로시와 친구들처럼 멋진 모험을 떠나고 싶음.
• 마법사 오즈를 만나 달리기를 잘하게 해 달라고 빌고 싶음.

읽은 책을 소개할 때에는 책을 읽게 된 까닭, 책 내용, 책을 읽은 뒤에 든 생각이나 느낌, 인상 깊은 부분이나 재미있었던 부분 등을 써요.

🌸 흐리게 쓴 글자를 따라 써 보세요.

글로 써 보기 정리한 내용으로 책을 소개하는 글을 써 봅니다.

제목 『오즈의 마법사』를 소개합니다!

책을 읽게 된까닭 만화 영화를 재미있게 보고 나서, 읽게 된 『오즈의 마법사』를 소개합니다.

책 내용
기억에 남는 장면 도로시는 회오리바람에 휩쓸려 오즈라는 나라에 가게 됩니다. 도로시는 집으로 돌아가기 위해 마법사 오즈를 만나러 가는데, 가는 길에 허수아비와 양철 나무꾼, 겁쟁이 사자를 만나지요. 도로시가 친구들을 한 명 한 명 만나게 되는 장면이 정말 재미있답니다! 도로시와 친구들은 온갖 위험을 무릅쓰고 마법사 오즈를 찾아갑니다. 하지만 오즈는 가짜 마법사였어요. 이 장면에서 어찌나 화가 났는지 몰라요. 하지만 마침내 허수아비는 뇌를, 양철 나무꾼은 심장을, 사자는 용기를 오즈에게 선물로 받아요. 도로시는 착한 마녀의 도움으로 고향으로 돌아가게 되지요. 결국 친구들 모두 소원을 이루게 됩니다.

생각이나 느낌 도로시와 친구들처럼 저도 멋진 모험*을 떠나고 싶어요. 그리고 마법사 오즈를 만나 달리기를 잘하게 해 달라고 빌고 싶어요. 여러분도 흥미진진한 오즈의 마법사를 만나러 가 보세요.

* **모험** 위험을 무릅쓰고 어떠한 일을 함. 또는 그 일.

책을 읽고 소개하는 글을 쓰면 책의 내용을 잘 정리할 수 있고, 친구들과 책에 대한 이야기도 나눌 수 있어 좋아.

이렇게 써 봐요

생각 모으기 책을 읽고 소개하고 싶은 내용을 생각나는 대로 정리해 보세요.

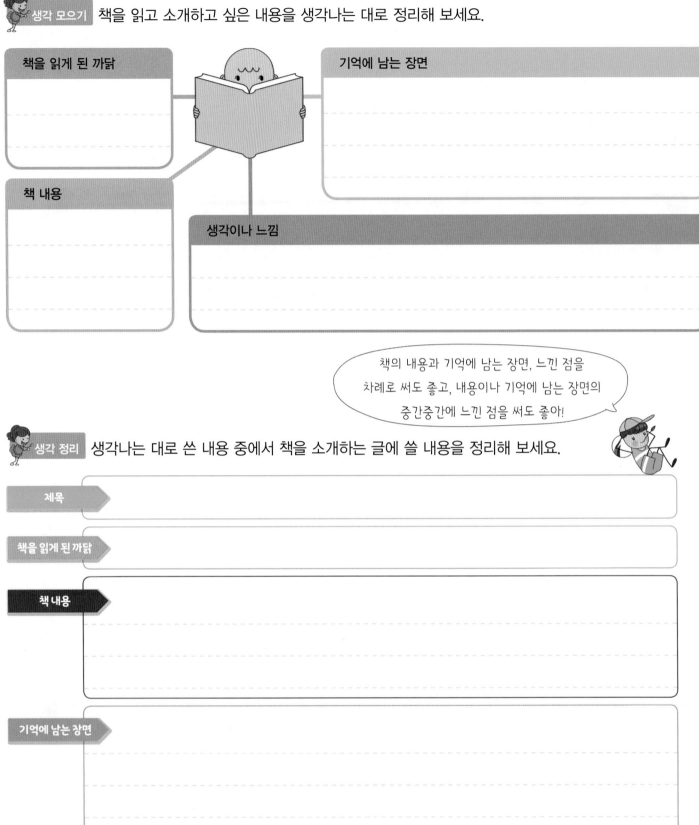

책을 읽게 된 까닭	기억에 남는 장면

책 내용	

생각이나 느낌

> 책의 내용과 기억에 남는 장면, 느낀 점을
> 차례로 써도 좋고, 내용이나 기억에 남는 장면의
> 중간중간에 느낀 점을 써도 좋아!

생각 정리 생각나는 대로 쓴 내용 중에서 책을 소개하는 글에 쓸 내용을 정리해 보세요.

제목	

책을 읽게 된 까닭	

책 내용	

기억에 남는 장면	

생각이나 느낌	

정리한 내용으로 책을 소개하는 글을 써 봅니다.

책을 읽고 소개하는 글을 쓰면
책의 내용을 잘 정리할 수 있고, 친구들과 책에
대한 이야기도 나눌 수 있어 좋아.

글로 써 보기

1 독서 카드에 쓸 내용으로 알맞지 않은 것을 찾아 ×표 하세요.

책의 제목	책의 내용	책을 산 곳
( )	( )	( )

2 다음 독서 카드에 대하여 바르게 말한 친구를 찾아 ○표 하세요.

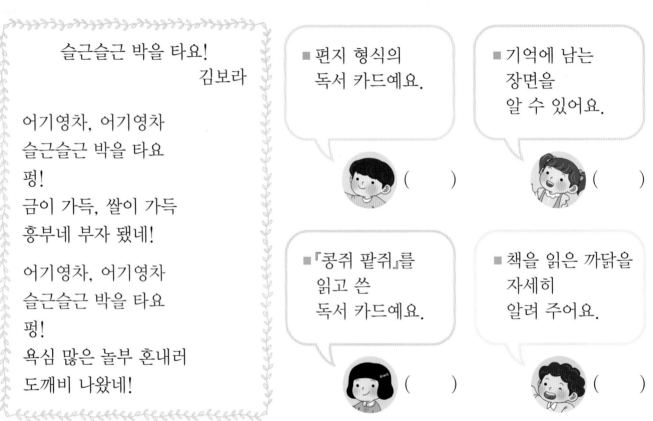

슬근슬근 박을 타요!
　　　　　　　김보라

어기영차, 어기영차
슬근슬근 박을 타요
펑!
금이 가득, 쌀이 가득
흥부네 부자 됐네!

어기영차, 어기영차
슬근슬근 박을 타요
펑!
욕심 많은 놀부 혼내러
도깨비 나왔네!

■ 편지 형식의 독서 카드예요. ( )

■ 기억에 남는 장면을 알 수 있어요. ( )

■ 『콩쥐 팥쥐』를 읽고 쓴 독서 카드예요. ( )

■ 책을 읽은 까닭을 자세히 알려 주어요. ( )

3 책을 소개하는 글을 쓰는 방법으로 알맞으면 ○표, 알맞지 않으면 ×표 하세요.

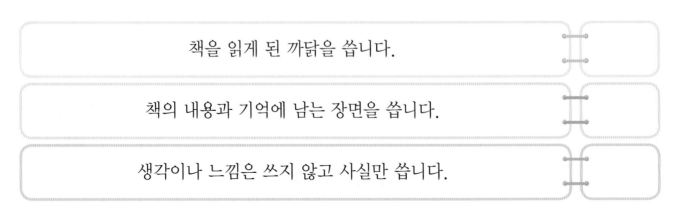

책을 읽게 된 까닭을 씁니다.

책의 내용과 기억에 남는 장면을 씁니다.

생각이나 느낌은 쓰지 않고 사실만 씁니다.

독서 카드
인형 뽑기

아이들이 책을 읽고 독서 카드를 쓰려고 해요. 아이들의 장래 희망에 도움
이 될 형식의 독서 카드를 뽑아 보세요.

힌트: 장래 희망 직업과 관련된 형식의 독서 카드를 찾으면 됩니다.

순우리말

 똘이야, 할머니께서 꽃샘추위에 들에 나가셨다가 고뿔에 걸리셨다고 하는구나. 엄마, 할머니 댁에 다녀올게. 식탁 위에 있는 간식 먹고 있어.

할머니, 많이 편찮으시대요? 꽃샘추위는 꽃이 샘을 부리는 추위인가? 엄마, 잘 모르겠지만, 맛있는 거 많이 해 드리고 오세요.

 흐흐, 우리 똘이 눈치가 빠르구나. 맞아, 꽃이 샘을 부렸나? 봄인데도 춥구나!

근데, 고뿔은 뭐예요? 심한 병이에요? 뿔이 났나? 궁금한 게 많네요.

 감기에 걸리셨다고. 너무 걱정은 안 해도 된단다.

저도 이번 주말에는 할머니 댁에 갈래요. 할머니한테 우리 예쁜 말, 순우리말 좀 많이 알려 달라고 할래요.

 그래, 그러자. 우리 똘이가 순우리말이 참 재미있나 보구나!

할머니께서 **꽃샘추위**에 들에 나가셨다가 **고뿔**에 걸리셨다고 말씀하시는데 '꽃샘추위', '고뿔'이라는 낱말이 예쁜 느낌인데 무슨 뜻인지 모르겠지요?

우리말에는 이처럼 **정겹고 이쁜 순우리말** 낱말이 많아요. 생활 속에서 자주 쓰이는 순우리말을 잘 알고 때에 맞춰 쓰면서 우리말 사랑을 실천해 볼까요?

가랑비	갓길	고뿔	까치발	꽃샘추위
나비잠	내리사랑	눈썰미	모둠	막둥이
밀물	발장구	손사래	솜병아리	아름
조각구름	주전부리	지름길	텃밭	함박눈

가랑비

가랑비는 조금씩 가늘게 내리는 비를 말해요. 아주 가늘게 내리는 이슬비보다는 좀 굵은 비를 말하지요.

• 아침부터 **가랑비**가 내리고 있어요.

갓길

갓길은 고속 도로의 끝에 난 길을 말해요. 사고나 몹시 급한 일이 생겼을 때 이 길로 경찰차나 구급차가 다닐 수 있지요.

• 구급차가 삐오삐오 요란한 소리를 내며 **갓길**을 지나가요.

고뿔

고뿔은 감기를 이르는 말이에요.

• 형이 심한 **고뿔**에 걸려 병원에 갔어요.

까치발

까치발은 발뒤꿈치를 든 발을 말해요.

• 키를 잴 때 **까치발**을 했어요.

꽃샘추위

꽃샘추위는 이른 봄, 꽃이 필 무렵의 추위을 말해요.

- 이른 봄, **꽃샘추위**에도 매화꽃이 활짝 피었다.

나비잠

나비잠은 갓난아이가 두 팔을 머리 위로 벌리고 자는 잠을 말해요.

- 아기가 **나비잠**을 자는 모습이 사랑스럽고 귀여워요.

내리사랑

내리사랑은 나이가 더 많은 사람이 어린 사람에게 베푸는 사랑으로, 흔히 자식에 대한 부모의 사랑을 이르는 말이에요.

- 부모님의 **내리사랑**을 항상 고맙게 생각해요.

눈썰미

눈썰미는 어떤 일을 한두 번 보고 곧 그대로 해내는 재주를 말해요.

- 언니는 **눈썰미**가 좋아서 무슨 일이든 금방 배워요.

모둠

모둠은 학교에서 공부를 하기 위해서 학생들을 작은 규모로 묶은 모임을 말해요.

- 오늘 우리 **모둠**에서 발표를 해요.

막둥이

막둥이는 막내를 귀엽게 이르는 말이에요.

- 우리 집 **막둥이**는 이제 두 살이에요.

밀물

밀물은 바닷물이 육지 쪽으로 밀려오는 것이나 또는 그 바닷물을 말해요.

- **밀물**이 들면 갯벌이 바닷물에 잠겨요.

발장구

발장구는 두 발을 위로 들었다 놓았다 하는 행동을 말해요.

- 수영을 배울 때에는 **발장구**를 열심히 쳐야 해요.

손사래

손사래는 어떤 말이나 사실을 아니라고 하거나 남에게 조용히 하라고 할 때, 손을 펴서 휘젓는 일을 말해요.

- 친구에게 노래를 해 보라고 하자 **손사래**를 치며 싫다고 했어요.

솜병아리

솜병아리는 알에서 깬 지 얼마 안 되는 병아리를 말해요. 털이 솜처럼 부드럽지요.

- 귀여운 **솜병아리**의 털이 보송보송 부드러워요.

아름

아름은 두 팔을 둥글게 모아 만든 둘레의 길이나 그 둘레 안에 들어갈 만한 양을 나타내는 말이에요.

- 엄마가 꽃을 한 **아름** 사 오셨어요.

조각구름

조각구름은 여러 개의 조각으로 흩어져 있는 구름을 말해요.

- **조각구름**이 빠르게 흘러가요.

주전부리

주전부리는 간식 같은 것을 아무 때나 자꾸 먹는 것을 말해요. 또 맛이나 재미, 심심풀이로 먹는 음식을 말하기도 해요.

- **주전부리**를 많이 해서 그런지 밥맛이 없어요.

지름길

지름길은 멀리 돌지 않고 가깝게 질러서 가는 길을 말해요.

- 이 길이 학교로 가는 **지름길**이에요.

텃밭

텃밭은 집 가까이에 있거나 집터에 붙어 있는 밭을 말해요.

- **텃밭**에서 채소를 가꿔요.

함박눈

함박눈은 큰 송이로 펑펑 내리는 눈을 말해요.

- **함박눈**이 펑펑 내려요.

1주차 다양하게 표현한 문장

아이들이 메밀꽃이 활짝 핀 모습을 보고
예쁘다고 느꼈나 봐요.
여자아이는 메밀꽃을 보고 '눈꽃처럼 새하얗다.'라고
표현하고, 남자아이는 메밀밭이 '소금을 뿌려 놓은
것 같다.'라고 표현했네요.

메밀밭이
소금을 뿌려 놓은 것 같이
온통 하얀색이야!

메밀꽃이
눈꽃처럼 새하얗네!

1회 이어 주는 말을 넣어 문장 쓰기
내용이 서로 비슷한 두 문장을 이어 줄 때에는 '그리고'를 쓰고, 내용이 서로 반대인 두 문장을 이어 줄 때에는 '그러나'나 '하지만'을 씁니다.

2회 두 문장을 한 문장으로 쓰기
이어 주는 말로 연결된 두 문장을 한 문장으로 만들어 봅니다.

3회 비유하는 표현으로 문장 쓰기
어떤 것을 다른 대상에 비유하여 표현하는 문장을 써 봅니다.

4회 소리는 같지만 뜻이 다른 말로 문장 쓰기
몸의 '배', 타는 '배', 먹는 '배'는 소리는 같지만 뜻이 서로 다른 말입니다.

5회 속담 넣어 문장 쓰기
속담이란 옛날부터 전해 내려오는 지혜가 담긴 짧은 말을 말합니다. 상황에 어울리는 속담을 이용해 문장을 만들어 봅니다.

사실과 생각을 표현한 문장

여우는 배가 고파 보이는데 남자아이의 말대로
왜 포도를 따 먹을 생각을 안 할까요?
여우는 무슨 생각을 하는 건지 궁금하네요. 여우에
게 포도가 다 익어서 맛있을 거라고, 얼른 따 먹으
라고 알려 줄까요?

배가 고픈가?
뛰어올라서 따 먹으면
될 텐데…

여우가 포도를
쳐다보고만 있네!

저건 신 포도일거야!
맛있는 포도가 아닐거야!

1회 사실을 나타내는 문장 쓰기
겪은 일에 대한 글을 쓸 때에 사실을 나타내는 문장은 '한 것', '본 것', '들은 것'을 쓴 문장입니다.

2회 생각이나 느낌을 나타내는 문장 쓰기
겪은 일에 대해 '좋다, 싫다, 멋지다, 아름답다.' 등과 같이 자신의 생각이나 느낌을 쓴 문장입니다.

3회 원인과 결과를 나타내는 문장 쓰기
일이 일어나게 된 까닭을 '원인'이라고 하고, 원인 때문에 생긴 일을 '결과'라고 합니다. 먼저 일어난 일이 원인이 되고, 뒤에 일어난 일이 결과가 됩니다.

4회 의견과 까닭을 나타내는 문장 쓰기
의견을 잘 나타내려면 왜 그러한 생각을 하는지 정확한 까닭을 써야 합니다.

5회 두 가지 대상을 비교하는 문장 쓰기
비교하는 문장을 쓸 때에는 두 대상의 특징을 잘 살펴보고, 같은 점과 다른 점이 드러나게 씁니다.

무엇을 쓸까요 ❓ 학습 계획일에 맞춰 꾸준히 글쓰기를 했나요 ❓ 스스로 칭찬하는 말, 격려의 말 한마디를 써 봅니다 ❗

월 일 **1회** 이어 주는 말을 넣어 문장 쓰기
어떻게 쓸까요 ☺○ ☹○
이렇게 써 봐요 ☺○ ☹○

월 일 **2회** 두 문장을 한 문장으로 쓰기
어떻게 쓸까요 ☺○ ☹○
이렇게 써 봐요 ☺○ ☹○

월 일 **3회** 비유하는 표현으로 문장 쓰기
어떻게 쓸까요 ☺○ ☹○
이렇게 써 봐요 ☺○ ☹○

월 일 **4회** 소리는 같지만 뜻이 다른 말로 문장 쓰기
어떻게 쓸까요 ☺○ ☹○
이렇게 써 봐요 ☺○ ☹○

월 일 **5회** 속담 넣어 문장 쓰기
어떻게 쓸까요 ☺○ ☹○
이렇게 써 봐요 ☺○ ☹○

아하~ 알았어요! ☺ 예 ☹ 아니요   참~ 잘했어요! ☺ 예 ☹ 아니요

무엇을 쓸까요 ❓ 학습 계획일에 맞춰 꾸준히 글쓰기를 했나요 ❓ 스스로 칭찬하는 말, 격려의 말 한마디를 써 봅니다 ❗

월 일 **1회** 사실을 나타내는 문장 쓰기
어떻게 쓸까요 ☺○ ☹○
이렇게 써 봐요 ☺○ ☹○

월 일 **2회** 생각이나 느낌을 나타내는 문장 쓰기
어떻게 쓸까요 ☺○ ☹○
이렇게 써 봐요 ☺○ ☹○

월 일 **3회** 원인과 결과를 나타내는 문장 쓰기
어떻게 쓸까요 ☺○ ☹○
이렇게 써 봐요 ☺○ ☹○

월 일 **4회** 의견과 까닭을 나타내는 문장 쓰기
어떻게 쓸까요 ☺○ ☹○
이렇게 써 봐요 ☺○ ☹○

월 일 **5회** 두 가지 대상을 비교하는 문장 쓰기
어떻게 쓸까요 ☺○ ☹○
이렇게 써 봐요 ☺○ ☹○

 아하~ 알았어요! ☺ 예 ☹ 아니요   참~ 잘했어요! ☺ 예 ☹ 아니요

쓰기가

문해력이다

3단계
초등 3~4학년 권장

정답과 해설

EBS

당신의 문해력

쓰기가
문해력
이다

3단계

1주차 정답과 해설

1주차 1회

이어 주는 말을 넣어 문장 쓰기

두 개의 문장을 나란히 이어서 쓸 때 두 문장의 내용이 자연스럽게 이어지도록 쓰는 말을 '이어 주는 말'이라고 해요. 이어 쓸 때 쓰는 말을 알맞게 써야 문장의 뜻을 쉽게 이해할 수 있어요.

어떻게 쓸까요

내용이 비슷한 두 문장을 이어 주는 말

문장 1	이어 주는 말	문장 2
바람이 불었다.	그리고	비가 내렸다.

내용이 반대인 두 문장을 이어 주는 말

문장 1	이어 주는 말	문장 2
나는 줄넘기를 잘한다.	그러나	노래를 못 한다.
나는 과일을 좋아한다.	하지만	엄마는 채소를 좋아한다.

문장 배우기 두 문장을 이어 주는 말을 따라 써 봅니다.

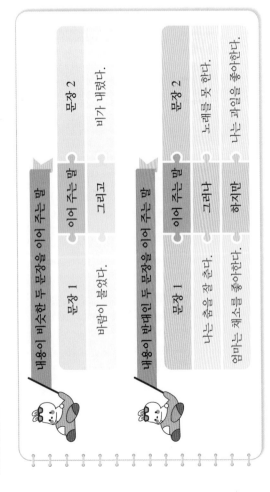

문장 1	이어 주는 말	문장 2
우리는 자동차를 샀다.	그리고	우리는 로봇을 샀다.
나는 빵을 좋아한다.	그러나	동생은 빵을 싫어한다.
우리는 닮았다.	하지만	성격은 다르다.

(tip) 원인과 결과를 나타내는 문장을 이어 주는 말에는 그래서와 '왜냐하면'이 있습니다.

문장 익히기 이어 주는 말과 뒤의 문장을 따라 써 봅니다.

아빠와 놀이터에 갔다. 그리고 그네를 탔다.

주사가 무서웠다. 하지만 꾹 참고 울지 않았다.

문장 써 보기 이어 주는 말을 넣어 문장을 따라 써 봅니다.

여	름	은	덥	다	.	그	리
고	비	가	많	이	내	린	
다	.						

봄	은	따	뜻	하	다	.	그
리	고	바	람	이	많	이	
분	다	.					

예비계절

문장 익히기 1 내용을 알맞게 이어 주는 말을 찾아 ○표 하고, 완성된 문장을 써 보세요.

동물원에서 타조를 보았다. 하지만 （그리고） 부엉이도 보았다.

동	물	원	에	서		타	조	를
보	았	다	.		그	리	고	부	엉
이	도		보	았	다	.

누나는 노래를 잘 부른다. 하지만 （그리고） 피아노도 잘 친다.

누	나	는		노	래	를		잘
부	른	다	.		그	리	고	피	아
노	도		잘		친	다	.

오빠는 부끄러움이 많다. （그러나） 그리고 발표를 잘한다.

오	빠	는		부	끄	러	움	이
많	다	.		그	러	나	발	표	를
잘	한	다	.

문장 익히기 2 세 글자 부분을 바꾸어 새로운 문장을 완성해 보세요.

나는 시소를 탔다. 그리고 그네도 탔다.
⇒ 나는 시소를 탔다. 그리고 （예 미끄럼틀도） 탔다.

내 친구는 매운 것을 못 먹는다. 하지만 떡볶이는 잘 먹는다.
⇒ 내 친구는 매운 것을 못 먹는다. 하지만 （예 김치는 잘 먹는다.）

문장 써 보기 두 문장이 바르게 이어지도록 선으로 잇고, 완성된 문장을 써 보세요.

생일 선물을 받았다. ──── 그리고

축하 편지를 받지 못했다.
축하 편지도 받았다.

생	일		선	물	을		받	았	도	받
그	리	고		편	지
았	다	.

배가 무척 고팠다. ──── 그러나

먹을 것이 하나도 없었다.
먹을 것이 가득 있었다.

배	가		무	척		먹	을		고	팠	다	.	그
러	나		것	이		하	나	도
없	었	다	.

두 문장을 한 문장으로 쓰기

1주차 2회

어떻게 쓸까요

두 문장을 한 문장으로 쓸 때

문장 1	이어 주는 말	문장 2
바람이 불었다.	그리고	비가 내렸다.

바람이 불고 비가 내렸다.

문장 1	이어 주는 말	문장 2
나는 춤을 잘 춘다.	그러나 / 하지만	노래는 못 부른다.

• 나는 춤을 잘 추나 노래는 못 부른다.
• 나는 춤을 잘 추지만 노래는 못 부른다.

(tip) '그리고'가 나오면 앞의 내용과 비슷한 내용이 뒤에 오고, '그러나'가 나오면 앞의 내용과 반대되거나 다른 내용이 뒤에 나온다는 것을 알 수 있습니다.

문장 배우기 두 문장을 이어 주는 말을 써 봅니다.

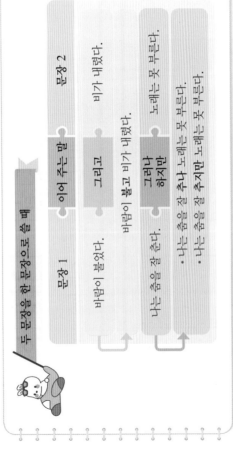

문장 1	이어 주는 말	문장 2
색종이로 학을 접었다.	그리고	비행기를 접었다.

색종이로 학을 접고 비행기를 접었다.

문장 1	이어 주는 말	문장 2
토끼는 빠르다.	그러나 / 하지만	거북이는 느리다.

• 토끼는 빠르나 거북이는 느리다.
• 토끼는 빠르지만 거북이는 느리다.

'그리고, '그러나', '하지만'으로 이어진 두 문장은 한 문장으로 이어서 쓸 수 있어요. 두 문장의 내용을 이어서 표현할 때 쓰이는 '-고', '-(으)나, '-지만'도 이어 주는 말이에요.

☞ 바르게 쓴 글자를 따라 써 보세요.

문장 익히기 두 문장을 한 문장으로 이어서 쓴 것을 따라 써 봅니다.

친구와 눈싸움을 했다. 그리고 눈사람도 만들었다.
→ 친구와 눈싸움을 했고 눈사람도 만들었다.

나는 바다를 좋아한다. 그러나 파도는 무서워한다.
→ 나는 바다를 좋아하나 파도는 무서워한다.

문장 써 보기 두 문장을 한 문장으로 이어서 쓴 것을 따라 써 봅니다.

불은 우리 생활을 편리하게 해 준다. 하지만 잘못 사용하면 위험하다.
→ 불은 우리 생활을 편리하게 해 주지만 잘못 사용하면 위험하다.

불	은		우	리		생	활	을
편	리	하	게		해		주	지	만
잘	못		사	용	하	면		위	험	하	다	.

문장 써 보기

다음 두 문장을 이어서 한 문장으로 써 보세요.

도깨비는 무섭게 생겼다. 그러나 마음은 착하다.

	도	깨	비	는	무	섭	게
생	겼	다	.	마	음	은	
착	하	다	.				

오늘은 눈이 많이 내렸다. 하지만 춥지 않았다.

	오	늘	은	눈	이	많	이
내	렸	지	만	춥	지		
않	았	다	.				

오빠는 축구를 좋아한다. 그리고 농구도 좋아한다.

			오	빠	는	축	구	를
좋	아	하	고	농	구	도		
좋	아	한	다	.				

3단계 1주차 5 정답과 해설

문장 익히기

두 문장을 한 문장으로 이어서 쓰려고 합니다. 두 문장을 알맞게 이어 주는 말을 찾아 ○표 하고, 완성된 문장을 빈칸에 써 보세요.

형은 책 읽기를 좋아한다. 하지만 글쓰기를 더 좋아한다.

형은 책 읽기를 (좋아하고 / 좋아하지만) 글쓰기를 더 좋아한다.

⇒ 형은 책 읽기를 좋아하지만 글쓰기를 더 좋아한다.

작에게 생일 선물을 주었다. 그리고 축하 카드도 주었다.

짝에게 생일 선물을 (주었고 / 주었지만) 축하 카드도 주었다.

⇒ 짝에게 생일 선물을 주었고 축하 카드도 주었다.

섬날에 연날리기를 했다. 그리고 윷놀이도 했다.

설날에 연날리기를 (했고 / 했지만) 윷놀이도 했다.

⇒ 설날에 연날리기를 했고 윷놀이도 했다.

아빠는 요리를 잘하신다. 하지만 청소는 잘 못 하신다.

아빠는 요리를 (잘하시고 / 잘하시지만) 청소는 잘 못 하신다.

⇒ 아빠는 요리를 잘하시지만 청소는 잘 못 하신다.

'비유'란 어떤 것을 다른 것에 빗대어 표현하는 것을 말해요. '~같은', '~처럼'과 같은 말을 넣어 비유하는 표현을 만들 수 있어요. 비유하는 표현을 쓸 때에는 두 사물의 닮은 점을 찾아야 해요.

✏️ 소리내어 쓴 글자를 따라 써 보세요.

문장 익히기 두 사물이 닮은 점을 떠올려 보고, 비유하는 표현을 써 봅니다.

별 — 보석
- 보석처럼 빛나는 별
- 밤하늘의 별이 보석 같다.

뭉게구름 — 솜사탕
- 뭉게구름같이 뭉실뭉실한 솜사탕
- 뭉게구름이 솜사탕 같아!

문장 써 보기 그림을 보고, 비유하는 표현을 써 봅니다.

고	사	리	처	럼		작	은
아	기		손				

꽃	처	럼		예	쁜		우	리
엄	마		얼	굴				

비유하는 표현으로 문장 쓰기

이렇게 쓸까요

비유하는 표현

내 얼굴 — 공통점 예쁘다 — 사과

사과 같은 내 얼굴
내 얼굴은 사과처럼 예쁘다.

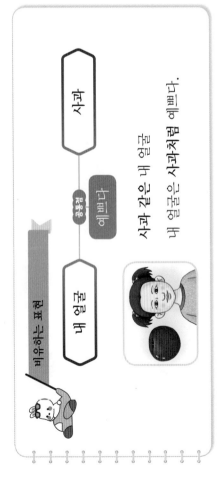

문장 배우기 두 사물이 닮은 점을 떠올려 보고, 비유하는 표현을 따라 써 봅니다.

달 — 공통점 둥글다 — 쟁반
- 쟁반같이 둥근 달
- 달이 쟁반처럼 둥글다.

안개꽃 — 공통점 하얗다 — 눈
- 눈처럼 하얀 안개꽃
- 안개꽃이 흰눈같이 하얗다.

문장 써 보기　두 사람이 닮은 점을 떠올려 보고, 비유하는 표현을 써 보세요.

내 동생 — 귀엽다 — 병아리

병	아	리	같	이	귀	여	운
내	동	생					

(tip) '병아리처럼 귀여운 내 동생'으로 써도 됩니다.

사람들 — 모여 있다 — 구름

구	름	처	럼	모	인	사
람	들					

(tip) '구름같이 모인 사람들'로 써도 됩니다.

발걸음 — 가볍다 — 솜털

솜	털	처	럼	가	벼	운
발	걸	음				

(tip) '솜털같이 가벼운 발걸음'으로 써도 됩니다.

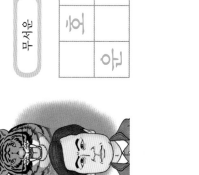

가을 들판 — 누렇다 — 황금

황	금	같	이	누	런	가
을	들	판				

(tip) '황금처럼 누런 가을 들판'이라고 써도 됩니다.

오늘 배울 내용

문장 익히기　그림을 보고, 주어진 말을 넣어 비유하는 표현을 써 보세요.

무서운　호랑이처럼　아빠

호	랑	이	처	럼	무	서
운	아	빠				

토끼처럼　뛰는　깡충깡충　아이

토	끼	처	럼	깡	충
뛰	는	아	이		

사슴같이　아기　눈　순한

사	슴	같	이	순	한
아	기	눈			

몸의 '배', 타는 '배', 먹는 '배'는 소리는 같으나 뜻이 서로 다른 낱말이에요. 이렇게 소리는 같지만 뜻이 다른 낱말은 문장의 앞뒤 내용을 살펴보면 쉽게 구별할 수 있어요.

◆ 소리게 쓴 글자를 따라 써 보세요.

(tip) 움직임을 나타내는 낱말은 '타다'와 '쓰다'와 같은 기본형이 있고, 문장에서 쓰일 때 '탔다'와 '썼다'처럼 형태가 바뀝니다. 낱말이 뜻을 잘 살펴보고, 뜻에 맞는 낱말이 쓰인 문장을 따라 써 봅니다.
바르게 쓴 낱말은 문장의 앞뒤 낱말을 보고 뜻을 파악해 지도해 주세요.

문장 써 보기

타다

- 뜻: 탈것이나 동물의 등에 몸을 얹다.
  예: 비행기를 타다.
- 뜻: 어떤 것에 불이 붙어서 불꽃이 일어나다.
  예: 마른 나무가 활활 타다.
- 뜻: 자신의 몫으로 주는 돈이나 상을 받다.
  예: 엄마에게 용돈을 받다.

쓰다

- 뜻: 연필, 볼펜, 붓 따위로 글자를 적다.
  예: 할머니께 편지를 쓰다.
- 뜻: 모자나 수건 같은 것을 머리에 얹다.
  예: 모자를 쓰다.
- 뜻: 맛이 한약이나 씀바귀의 맛과 같다.
  예: 감기약이 쓰다.

소리는 같지만 뜻이 다른 말로 문장 쓰기

어떻게 쓸까요

소리는 같지만 뜻이 다른 말

배

- 배가 부르다.
  → 사람 몸의 일부인 '배'
- 배를 타고 가다.
  → 물 위를 다니는 '배'
- 배가 달콤하고 맛있다.
  → 과일의 종류인 '배'

문장 익히기

문장에서 낱말이 어떤 뜻으로 쓰였는지 생각해 보고, 문장을 따라 써 봅니다.

밤

- 해가 지고 캄캄한 **밤**이 되었다.
- 다람쥐가 부지런히 **밤**을 주워 모았다.

차

- **차**가 다니는 길에서는 조심해야 한다.
- 뜨거운 **차**를 마시면 몸이 따뜻해진다.

문장 써 보기

낱말의 뜻을 잘 살펴보고, 그림을 참고하여 뜻에 맞는 문장을 만들어 보세요.

치다

뜻 어떤 것을 발로 힘껏 지키거나 건어 올리다.
예 친구들과 제기를 찼다.

뜻 몸에 닿은 물건이나 공기의 온도가 낮다.
예 냉장고에 넣어 둔 물이 너무 찼다.

뜻 사람이나 물건이 어떤 곳에 가득하다.
예 욕조에 물이 가득 찼다.

(tip) 기본형이 '차다'인 낱말이 문장에서 쓰일 때 첫소리로 쓰일 수 있음을 지도해 주세요.

문장 만들기

'빨았다'의 뜻이 같도록 문장을 만들어 보세요.

빨다

아기가 손가락을 빨았다.
예 동생이 사탕을 빨았다.

순수건을 빨았다.
예 운동화를 깨끗이 빨았다.

(tip) 기본형이 '빨다'인 낱말은 '빤다', '빨아서'와 같이 문장에서 쓰일 때 다른 형태로 쓰일 수 있습니다.

어휘 써먹기

문장 익히기

주어진 낱말을 넣어 그림을 참고하여 뜻에 맞는 짧은 문장을 만들어 보세요.

말

예 또박또박 말을 해요.

예 옛날에는 말을 타고 다녔어요.

풀

예 세종이에 풀을 발랐다.

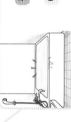

예 소가 풀을 뜯어 먹는다.

돌

예 돌에 걸려 넘어졌다.

예 내일은 사촌 동생의 돌잔치 날이다.

다리

예 넘어져서 다리를 다쳤다.

예 한강에는 아름다운 다리가 많다.

속담 넣어 문장 쓰기

● 속담이란 옛날부터 전해 내려오는 지혜가 담긴 짧은 말을 말해요. 속담의 뜻을 알아 두면 글을 쓸 때나 말을 할 때 많은 도움이 됩니다.

글로 써 보기 속담의 뜻을 잘 보고, 속담의 내용에 맞는 글을 써 봅니다.

✿ 흐리게 쓴 글자를 따라 써 보세요.

가재는 게 편이다

가재와 게처럼 모양이나 형편이 비슷한 사람끼리 서로 잘 어울리고 감싸 주기 쉽다는 뜻이에요.

가	재	의	친	구	예	게	가	그	물	에
였	게	요	는	그	물	에	안	예	게	서
제	도	을	발	깔	이	며	제	예	게
침	에	을	했	어	요	을	친	구	위
가	재	을	처	청	한	젓	발	이	는
들	을	물	는	집	게	리	모	아	있
그	을	그	불	을	끙	를	친	구	를	게
요	.	요	.	'	가	재	계	로	편
는	나				말	처	럼	서	이	뜻
					봐	요	행	었	다

속담 넣어 문장 쓰기

어떻게 쓸까요

속담

꿩 먹고 알 먹는다

한 가지 일을 해서 두 가지 이상의 이익을 얻는다는 뜻이에요.

속담 배우기 속담의 뜻을 생각하면서 속담을 따라 써 봅니다.

땅 짚고 헤엄치기

땅을 짚고 헤엄치는 일만큼이나 아주 하기 쉬운 일이라는 뜻이에요.

뛰는 놈 위에 나는 놈 있다

아무리 재주가 있다 하여도 그보다 나은 사람이 있으니 어떤 일을 하든 겸손한 마음으로 열심히 노력해서 실력을 키워 나가야 한다는 뜻이에요.

글로 써 보기

속담의 뜻풀이 글을 보고, 속담의 내용에 맞는 글을 써 보세요.

고래 싸움에 새우 등 터진다

강한 자들끼리 싸우는 곳에 약한 자가 중간에 끼어 피해를 입거나 남의 싸움에 아무 관계 없는 사람이 해를 입는다는 뜻이에요.

어휘력 키우기

속담 배우기 뜻에 맞는 속담을 보기에서 골라 써 보세요.

보기 세 살 버릇 여든까지 간다   바늘 가는 데 실 간다   개구리 올챙이 적 생각 못 한다

바늘이 가는 곳에 실이 항상 뒤따른다는 뜻으로, 둘의 관계가 떨어질 수 없을 정도로 가깝다는 말이에요.

바	늘		가	는		데		실	
간	다								

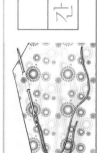

어릴 때 몸에 배어 버린 버릇이나 습관은 나이가 들어서도 고치기 힘듦을 뜻으로, 어려서부터 좋은 버릇을 들여야 한다는 말입니다.

세		살		버	릇		여	든
까	지		간	다				

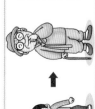

자기의 지위가 높아지면 예전의 보잘것없던 때의 생각을 못 한다는 뜻으로, 어렵던 과거를 생각하고 항상 겸손해야 한다는 말이에요.

개	구	리		올	챙	이		적
생	각		못		한	다		

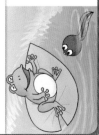

이어 이어~ 알아보아요

1 두 문장이 이어 주는 말로 바르게 이어지도록 선으로 연결해 보세요.

파란 하늘이 나타났다.

천둥이 치기 시작했다.

공이 골대 안으로 들어가지 않았다.

공이 골대 안으로 들어갔다.

먹구름이 몰려왔다. 그리고

골대를 향해 공을 찼다. 그러나

(tip) '그리고'와 '그러나'는 앞뒤 문장의 내용이 비슷하게 연결될 때는 '그리고'를 써야 하고, 앞뒤 문장의 내용이 반대일 때는 '그러나'를 써야 합니다.

2 자연스러운 문장이 되도록 알맞은 낱말에 ○표 하세요.

■ 달이 쟁반처럼 (둥글다 / 뾰족하다).

■ 손이 난로처럼 / 얼음처럼 차갑다 .

해설 | '달'과 '쟁반'은 모양이 둥글다는 같은 점공통점이 있습니다. 같은 점이 ...

3 안에 공통으로 들어갈 낱말을 ● 안에 써 보세요.

□를 타고 강을 건넜다.

아이스크림을 많이 먹어서 □가 아프다.

사과와 □는 과일이다.

(tip) '배'는 사람 몸의 일부, 물 위를 다니는 탈 것, 과일의 한 종류 세 가지의 뜻으로 쓰였습니다.

하늘에 별들이 반짝반짝 빛났다.

다람쥐는 □이나 도토리를 주워 먹는다.

(tip) '밤'은 저녁을 지난 시간과 먹는 밤이 두 가지 뜻으로 쓰였습니다.

참 잘했어요

가사 바꾸기

꼬리에 꼬리를 물어 이어 부르는 노래가 있어요. 빈칸에 가사를 넣어 재미있게 만들어 보세요.

힌트: 두 대상의 공통점을 찾아 보세요.

바나나는 길어~
길으면 기차
기차는 빨라~
빠르면 비행기
비행기는 높아~
높으면 백두산!

빨가면 사과
사과는 맛있어~
맛있으면 바나나

원숭이 엉덩이는 빨개~

(예 김밥)
(예 로켓)
(예 우주)
(예 롤러코스터)
(예 김밥)

김이면 김밥
김밥은 맛있어~
맛있으면 길어
길이면 롤러코스터
빠르면 로켓
로켓은 높아~
높으면 우주

원숭이 엉덩이는 빨개~

빨가면 사과
사과는 맛있어~

해설 | 원래의 노래 가사 각각의 두 대상의 '맛있다, 길다, 빠르다, 높다'는 특징을...

쓰기가
문해력
이다

3단계

2주차 정답과 해설

사실을 나타내는 문장 쓰기

사실을 나타내는 문장은 '한 것', '본 것', '들은 것'을 쓴 문장이에요. 어떤 대상에 대해 설명하는 글을 쓸 때에는 생각이나 느낌이 아닌, 사실에 해당하는 내용을 써야 해요.

◆ 흐리게 쓴 글자를 따라 써 보세요.

주제 써 보기 1회

사실을 나타내는 문장으로 '벌'에 대해 설명하는 글을 따라 써 봅니다.

벌	의	몸	은	머	리	,	가	슴	,	배
로	이	루	어	져	있	다	.			
머	리	에	는	더	듬	이	와	눈	이	있
고	,	침	세	개	가	있	어	서	꿀	을
모	으	고	적	을	쏠	수	있	다	.	
눈	은	겹	눈	이	고	뿔	의	색	깔	은
날	개	는	투	명	하	다	.			

사실을 나타내는 문장 쓰기

어떻게 쓸까요

사실을 나타내는 문장

한 것	가족과 함께 놀이공원에 갔다.
본 것	매표소 앞에 사람들이 줄을 서 있었다.
들은 것	안내 방송에서는 오늘 특별 공연이 열린다고 했다.

생각이나 느낌을 쓴 문장은 사실을 나타내는 문장이 아니야.

문장 익히기

사실을 나타내는 문장으로 '한 것', '본 것', '들은 것'을 써 봅니다.

한 것

점	심	때	사	먹	었	다	.

본 것

놀	이	공	원	입	구	에	장 미
가	피	어	있	었	다	.	

들은 것

불	꽃	이	"	아 ~	"	위	에 서 하 는
소	리	가	들	렸	다	.	

(tip) 다른 사람에게서 전해 들은 내용도 들은 것에 해당합니다.

글로 써 보기

사실을 나타내는 문장으로 '나비'에 대해 설명하는 글을 써 보세요.

예) 나비의 몸은 머리, 가슴, 배로 되어 있다.
나비의 가슴에는 더듬이가 있고, 머리에는 두 쌍의 날개가 있다.
나비는 대롱같이 생긴 입으로 꿀을 빨아먹고 산다.
나비는 종류가 많고, 날개의 색과 무늬가 화려한 것이 많다.

오늘의 쓰기마당

문장 익히기

사실을 나타내는 문장으로 '한 것', '본 것', '들은 것'을 써 보세요.

한 것
예) 책과 방을 읽은 후에 도서관에서
예) 친구들과 운동장에서 함께 달리기를 했다.

본 것
예) 남자아이와 강아지가
예) 강아지가 나는 것을 보고 있었다.

들은 것
예) 점심시간에 동네 개들이 짖기 시작했다.
예) 교회의 종을 쳐 개들이 소리가 퍼졌다 아름

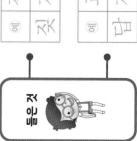

2주차 2회

어떻게 쓸까요

생각이나 느낌을 나타내는 문장 쓰기

생각이나 느낌을 나타내는 문장

겪은 일
마당에 나갔는데 통통이의 목줄이 풀려 있고, 대문이 열려 있었다.

생각이나 느낌
통통이가 사고라도 당했을까 봐 걱정이 되고, 불안했다.

문장 쓰기 겪은 일에 대한 생각이나 느낌을 써 봅니다.

겪은 일
미술 대회에서 상을 받았다. 선생님께서 내 이름을 불렀다.

> 겪은 일 뿐만 아니라 음악을 듣거나, 그림이나 영화를 보거나, 그림책을 읽고 나서도 생각이나 느낌을 나타낼 수 있어!

생각이나 느낌

상을 받으러 앞으로 나가서 상을 받아 들 때, 선생님께서 활짝 웃으시며 내 이름을 불러 주셨다. 정말 기분이 좋았다.

- 겪은 일에 대해 자신의 생각이나 느낌을 문장으로 표현할 때에는 좋다, 싫다, 멋지다, 아름답다. 등을 써서 나타낼 수 있어요.

★ 흐리게 쓴 글자를 따라 써 보세요.

글로 써 보기

그림을 보고, 떠오르는 생각이나 느낌을 써 봅니다.

겪은 일 꼬마 마법사가 마법을 익혀서 괴물을 물리치고 있다.

생각이나 느낌

꼬마 마법사가 마법사님 참 멋지다고 생각했다. 나는 훈련을 거쳐서 마법사가 써 있다. 나도 꼬마 마법사처럼 멋진 마법을 익혀서 훌륭한 마법사가 되고 싶다.

오늘 배울 내용

읽은 일에 대한 생각이나 느낌을 써 보세요.

꼬마 아이가 공을 잡으려고 갑자기 찻길로 뛰어나갔다.

읽은 일

생각이나 느낌

예	그	모습을	보	고	아이에	게
사	고	가	날까	봐	가슴	이
덜	컹	했	다.			

복도를 지나가는데, 음악실에서 노래 부르는 소리가 들렸다.

읽은 일

생각이나 느낌

예	내	가	좋	아하는	노래여	서
큰	소리	로	노래	를	따	라
불	렀	다.				

엄마 생신 선물로 리본 모양 머리핀을 샀다.

읽은 일

생각이나 느낌

예	엄	마	께	서	내	선물을	받으
시	고	마	음	에	들	어	하실지
무	척	궁	금	하	다.		

오늘 배울 내용

그림을 보고, 떠오르는 생각이나 느낌을 써 보세요.

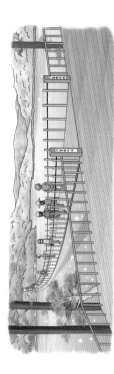

호수가 햇살을 받아 반짝반짝 빛나고 있다.

읽은 일

생각이나 느낌

예	호수가	마	치	빛나는	보석
같	고	하	고 .	밤하늘	의
같	고	하	다.		별

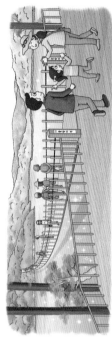

호수를 가로지르는 출렁다리를 아빠 손을 잡고 건너가 보았다.

읽은 일

생각이나 느낌

예	처	음에는	바람	이	불면	다
리	가	흔들려	서	위	험할	것 어
같	았	다.	하	지만	용 기를	내
	건	너가	보	기로	했 다.	

원인과 결과를 나타내는 문장 쓰기

2주차 **3회**

어떻게 쓸까요

원인과 결과를 나타내는 문장

원인 ▸ 늦잠을 잤다.
결과 ▸ 지각을 했다.

➡ 그래서 지각을 했다.

➡ 왜냐하면 늦잠을 잤기 때문이다.

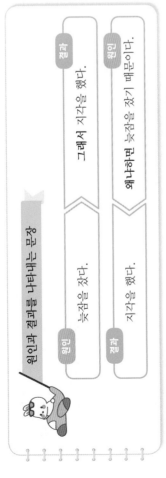

먼저 일어난 일이 원인이 되고, 뒤에 일어난 일이 결과가 되는 거야.

문장 익히기 '원인'과 '결과'를 살펴보고, 문장을 따라 써 봅니다.

원인 ▸ 바람이 세게 불었다.
결과 ▸ 모자가 날아갔다.

➡ 그래서 모자가 날아갔다.

➡ 모자가 날아갔다. 왜냐하면 바람이 세게 불었기 때문이다.

(tip) 앞 문장에 원인이 오고, 뒤 문장에 결과가 올 때에는 이어 주는 말 '그래서'를 씁니다. 앞 문장에 결과가 오고, 뒤 문장에 원인이 올 때에는 이어 주는 말 '왜냐하면'을 씁니다. '왜냐하면'은 '~했기 때문이다.'와 함께 새로 올바른 문장

- 일이 일어나게 된 까닭을 '원인'이라고 하고, '원인' 때문에 생긴 일을 '결과'라고 해요. 원인과 결과를 나타내는 문장은 '그래서', '왜냐하면'과 같은 이어 주는 말을 사용해서 쓸 수 있어요.

★ 흐리게 쓴 글자를 따라 써 보세요.

골라 써 보기 '원인'과 '결과'를 살펴보고, 이어 주는 말 '그래서'와 '왜냐하면'을 넣어 문장을 써 봅니다.

     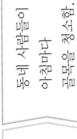

사람들이 골목에 쓰레기를 버림.	골목이 지저분해지고 냄새가 남.	동네 사람들이 아침마다 골목을 청소함.

골	목	에	사	람	들	이	쓰	레	기	를	버	렸	다	.	그	래	서
골	목	이	지	저	분	해	지	고	냄	새	가	났	다	.			
왜	냐	하	면														
동	네	사	람	들	이	아	침	마	다	골	목	을	청	소	했	다	.

글로 써 보기

'원인'과 '결과'를 살펴보고, 이어 주는 말 '그래서'와 '왜냐하면'을 넣어 문장을 써 보세요.

운동장에서 달리기를 하다가 넘어졌음.

무릎에서 피가 나고 아팠음.

눈물이 났음.

예	운	동	장	에	서	달	리	기	를	하
가	서	넘	어	졌	다	.	그	래	서	무	릎	에
피	가	나	고	아	팠	다	.	왜	나	하	면
눈	물	이	났	기
를	때	문	이	다	.

오늘의 행운 · 문장력이 쑥쑥

《보기》와 같이, 주어진 문장의 원인과 결과가 되는 문장을 써 보세요.

보기

원인 : 방 청소를 하지 않았다.
결과 : 그래서 아빠에게 꾸중을 들었다.

결과 : 방 청소를 하지 않았다.
원인 : 왜냐하면 숙제를 하느라고 바빴기 때문이다.

동생의 숙제를 도와주었다.

원인 / 결과
예	그	래	서	동	생	이	나	에	게
고	마	위	했	다	.

동생의 숙제를 도와주었다.

결과 / 원인
예	왜	냐	하	면	동	생	이	숙	제	를
어	권	기	때	문	이	다	.

승아가 울고 있었다.

원인 / 결과
예	그	래	서	달	랠	방	법	을	주
고	을	주	었	다	.

승아가 울고 있었다.

결과 / 원인
예	왜	냐	하	면	아	끼	는	필	통	을
잃	어	버	렸	기	때	문	이	다	.

어떤 문제에 대한 자신의 생각을 '의견'이라고 하는데, 의견을 나타낼 때에는 그렇게 생각하는 까닭을 함께 써야 해요.

또박또박 쓴 글자를 따라 써 보세요.

[글로 써 보기] 그림을 보고, 의견과 까닭이 잘 드러나도록 문장을 써 봅니다.

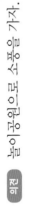

의견	자신의	물건에	이름을		
	꼭 써야	한다.			

까닭	왜냐하면	물건을	잃어버렸		
	을 때	섬게	물건을	찾을 수	있기
	때문이다.	이름은	물건을	빨리	
	찾을 수	있는	특별한	표	
	면	설계	앉은	물건을	가진
	구름이	진 때	헷갈릴 수	있다.	
	문이다.				

의견과 까닭을 나타내는 문장 쓰기

어떻게 쓸까요

의견과 까닭을 나타내는 문장

의견: 체육공원으로 소풍을 가자.
까닭: 그 까닭은 운동 경기를 마음껏 할 수 있기 때문이다.

의견: 고운 말을 사용하자.
까닭: 왜냐하면 고운 말을 쓰지 않으면 서로 싸울 수 있기 때문이다.

> 알맞은 까닭을 들어 말하면 나의 생각을 다른 사람에게 잘 이해시킬 수 있어.

(tip) 까닭을 쓸 때에는 '그 까닭은/왜냐하면', '~기 때문이다' 등과 같은 말을 써야 합니다.

[문장 익히기] 의견에 대해 까닭을 나타내는 문장을 써 봅니다.

의견: 놀이공원으로 소풍을 가자.
까닭: 그 까닭은 재미있는 놀이 기구를 실컷 탈 수 있기 때문이다.

의견: 박물관으로 소풍을 가자.
까닭: 왜냐하면 역사 공부를 할 수 있기 때문이다.

글로 써 보기 그림을 보고, 의견과 의견과 까닭이 잘 드러나도록 글을 써 보세요.

의견

예	부	모	님	과	한
	야	속	을	잘	
	지	키	야	한	
	니	다	.		

까닭

예	왜	나	하	면	부	모	님	과
	부	모	님	께	서	약	속	을
	잘	지	키	면	부	모	님	과
	의	약	속	은	정	한	때	문 이 기
	아	수		도	해			
	위	해	다	.				

오늘써닫아 ~~쓰기~~

문장 익히기 의견에 대해 까닭을 나타내는 문장을 써 보세요.

의견 책을 읽자.

까닭

예	왜	나	하	면	책	에	서	교	훈	을
	얻	을		수		있	기	때	문	이 다 .

의견 교실에서 조용히 하자.

까닭

예	왜	나	하	면	열	심	히	공	부	하	는	때
	친	구	를		방	해		할		수		있 기
	문	이	다	.								

의견 음식을 골고루 먹자.

까닭

예	왜	나	하	면	영	양	소	를		골	고	루
	먹	으	면		음	식	을		골	고	루	먹 자 .
	나	하	면		영	양	을		골	고	루	

두 가지 대상을 비교하는 문장 쓰기

어떻게 쓸까요

두 가지 대상을 비교하는 문장

개미
다른 점: 날개가 없음.

벌
다른 점: 날개가 있음.

공통점: 다리가 6개임.

↑

개미와 벌은 둘 다 다리가 6개씩 있다. 다른 점은 개미는 날개가 없고, 벌은 날개가 있다는 점이다.

(tip) '개미와/벌의'의 '와/의'는 둘 다 조종이다.

내용 정리하기

두 가지 대상을 비교하는 문장을 써서 내용을 정리해 봅니다.

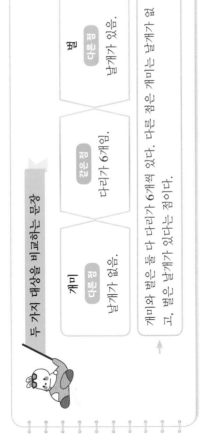

사과
다른 점:
• 껍질이 붉은색이다.
• 칼로 껍질을 깎아서 먹는다.

공통점
• 나무에서 열린다.
• 새콤달콤한 맛이 난다.

귤
다른 점:
• 껍질이 주황색이다.
• 손으로 껍질을 까서 먹는다.

비교하는 문장은 두 가지 대상의 같은 점과 다른 점이 잘 드러나게 써야 돼.

'비교'란 두 가지 대상을 견주어 보고 같은 점, 다른 점 등을 밝히는 것이에요. 비교하는 문장을 쓰려면 비교하는 두 가지 대상의 특징이 잘 드러나게 써야 해요.

글로 써 보기

사진을 보고, 정리한 내용을 바탕으로 비교하는 글을 써 봅니다.

사과와 귤

흐리게 쓴 글자를 따라 써 보세요.
먼저 같은 점을 쓰고
차례로 다른 점을 적을 써 봐.

사과와 귤은 둘 다 나무에서 열리고, 새콤달콤한 맛이 난다. 사과는 껍질이 붉은색이고, 껍질을 칼로 깎아 먹지만, 귤은 껍질이 주황색으로, 껍질을 손으로 까서 먹는다는 점이 다르다.

어휘+독해

내용 정리하기 두 가지 대상을 비교하는 문장을 써서 내용을 정리해 보세요.

타조

다른 점
예) • 날지 못한다.
• 색깔이 검은빛을 띤다.
• 몸집이 크다.

같은 점
예) • 새이다.
• 날개가 있다.
• 부리가 있다.

앵무새

다른 점
예) • 날 수 있다.
• 색깔이 알록달록 예쁘다.
• 몸집이 작다.

복숭아

다른 점
예) • 씨가 하나이다.
• 자르지 않고 먹을 수 있다.
• 껍질이 부드럽다.

같은 점
예) • 주로 여름에 먹는다.
• 달콤하다.

수박

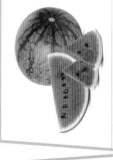

다른 점
예) • 씨가 많다.
• 잘라서 먹어야 한다.
• 껍질이 딱딱하다.

글로 써 보기 정리한 내용을 바탕으로 비교하는 글을 써 보세요.

타조와 앵무새

예) 새는 타조와 앵무새와 날개와 몸집이 있는 새이지만, 타조는 날지 못하고 앵무새는 날 수 있다.

복숭아와 수박

예) 과일인 복숭아와 수박은 복숭아로 여름에 맛있는 복숭아는 씨가 많고 먹고, 수박은 씨가 많지 않고 잘라서 먹는다.

아하~ 알았어요

1 '생각이나 느낌을 나타내는 문장이 아닌 것을 찾아 ×표 하세요.

- 진호가 그린 그림이 정말 멋지다.
- 자두가 새콤달콤하니 참 맛있다.
- 동생이 아파서 걱정이 된다.
- 학교에서 피아노를 연주했다. ×
- 버려진 강을 보니 안타깝다.
- 선물이 궁금해서 참을 수가 없다.

해설 | 학교에서 피아노를 연주한 일은 겪은 일한 사실을 나타내는 문장입니다.

2 두 문장이 이어 주는 말로 바르게 이어지도록 선으로 연결해 보세요.

- 길에서 넘어졌다. — 그래서
- 달리기 연습을 많이 했다. — 그래서
- 속이 상했다. — 왜냐하면

- 열심히 공부했기 때문이다.
- 친구와 사이좋게 지냈다.
- 무척 부끄러웠다.
- 친구가 놀렸기 때문이다.
- 할머니의 심부름을 갔다.
- 체육 대회에서 일등을 했다.

해설 | '그래서' 뒤에는 '결과'를 나타내는 문장이 오고, '왜냐하면' 뒤에는 '원인'을 나타내는 문장이 와야 합니다.

3 다음 까닭에 알맞은 의견을 찾아 ○표 하세요.

왜냐하면 집안일을 엄마 혼자 하면 엄마가 힘들기 때문이다. 또 집안일은 가족 모두를 위한 일이기 때문이다.

- 집안일은 아빠가 해야 한다.
- 집안일은 가족 모두가 함께 해야 한다. ○
- 집안일은 나이가 어린 사람이 해야 한다.

해설 | 집안일을 엄마 혼자 다 하면 엄마가 힘들고, 청소나 설거지 빨래, 심부름처럼 집안에서 하는 일을 말합니다. 집안일은 가족 모두를 위한 일이라고 까닭을 덧붙였으므로 이것은 '집안일은 가족 모두가 함께 해야 한다.'가 알맞습니다.

참 잘했어요
규칙대로 넣기

선을 이어서 별자리를 그려 보고, 별자리 이름을 써 보세요.

힌트: 별자리의 이름은 동물의 모양과 닮았다고 해서 동물의 이름을 따라 붙였습니다.

토끼자리

전갈자리

큰곰자리

하늘의 큰곰, 전갈, 토끼랑 닮은 거 같아.

해설 | 우리나라에서는 봄철자리에는 큰곰자리는 봄에, 전갈자리는 여름에, 토끼자리는 겨울에 볼 수 있는 별자리입니다.

쓰기가
문해력이다

3단계

3주차 정답과 해설

안부 편지 쓰기

이렇게 써요

생각 모으기 (tip) 친구나 웃어른께 안부를 묻는 편지를 어떻게 쓰는지 배워 봅니다.

할머니께 보낼 안부 편지에 쓸 내용을 떠올려 보고, 생각나는 대로 써 봅니다.

안부 편지에 쓸 내용

나의 소식
• 미술 대회에서 상을 받았음.
• 밤에 혼자서 잘 수 있음.

할머니의 안부
• 허리 아프신 것은 괜찮은지 걱정됨.
• 명이가 얼마나 컸는지 궁금함.

전하고 싶은 마음
• 늘 건강하셨으면 좋겠음.
• 할머니가 많이 보고 싶음.

> 안부 편지를 쓸 때에는 내가 한 일을 알려 드리거나, 궁금한 것을 물어보면 돼.

생각 정리 생각나는 대로 쓴 내용 중에서 안부 편지에 쓸 내용을 골라 정리해 봅니다.

받을 사람 할머니께 (tip) 편지를 받을 사람을 씁니다.

첫인사 할머니, 안녕하세요? (tip) 인사를 하고 안부나 소식을 묻습니다.

전하고 싶은 말
• 미술 대회에서 금상을 받은 일 (tip) 편지를 보내는 까닭이나 알릴 일을 씁니다.
• 밤에 혼자서 잘 수 있게 된 일
• 할머니 허리 아프신 것이 괜찮은지 걱정됨.
• 할머니네 명이가 얼마나 컸는지 궁금함.
• 할머니가 많이 보고 싶음.

끝인사 할머니, 항상 건강하세요. 다시 뵐 때까지 안녕히 계세요. (tip) 잘 지내라는 인사말을 씁니다.

쓴 날짜 20○○년 5월 25일 (tip) 편지를 쓴 날짜를 씁니다.

쓴 사람 송나리 드림 (tip) 웃어른께 쓸 때에는 '올림', '드림'과 같은 말을 덧붙입니다.

(tip) 편지의 기본 형식은 '받을 사람 - 첫인사 - 전할 말 - 끝인사 - 쓴 날짜 - 쓴 사람'입니다.

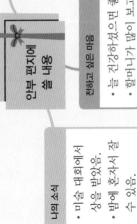

• '안부'란 편안하게 잘 지내고 있는지 그렇지 않은지에 대한 소식, 또는 인사로 소식을 전하거나 묻는 일을 말해요. '안부 편지'는 상대의 안부를 묻고, 자신의 소식을 전하는 편지예요.

글로 써 보기 정리한 내용으로 안부 편지를 써 봅니다. ◆ 흐리게 쓴 글자를 따라 써 보세요.

할머니께

받을 사람 / 첫인사 할머니, 안녕하세요? 저 나리예요.

전하고 싶은 말 할머니께 전해 드릴 소식이 있어요. 학교에서 우리 고장* 그리기 미술 대회가 열렸는데, 제가 금상을 받았어요. 아빠, 엄마가 무척 기뻐하셔서 저도 기분이 좋았어요. 그리고 저 이제 밤에 혼자서도 잘 수 있어요. 제가 잠들 때까지 엄마가 곁에서 책을 읽어 주시는데, 밤에 자다가 깨도 울거나 부모님 방으로 가지 않아요.

할머니, 허리 아프신 건 좀 어떠세요? 계속 아프신 건 아니지 걱정이 돼요. 그리고 명이가 얼마나 컸는지도 궁금해요. 지난번에 봤을 때 제 무릎만큼 컸었는데, 지금은 더 컸겠지요? 할머니, 많이 보고 싶어요. 빨리 방학이 되어서 할머니네 동네에 가고 싶어요.

끝인사 할머니, 항상 건강하세요. 다시 뵐 때까지 안녕히 계세요.

쓴 날짜 20○○년 5월 25일

쓴 사람 송나리 드림

* **고장** 사람이 사는 어떤 지역이나 지방.

> 편지의 형식에 맞게 전하고 싶은 마음이 잘 드러나게 써 봐.

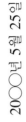

(tip) 편지는 글로 주고받는 대화이므로 상대방과 대화하듯이 써야 합니다. 상대방이 웃어른일 경우에는 예의를 지켜 써야 합니다.

글로 써 보기 — 정리한 내용으로 안부 편지를 써 보세요.

선생님께

예) 선생님, 그동안 잘 지내셨어요? 저 지후예요.

방학이 벌써 두 주나 지났어요. 저는 그동안 선생님께서 내 주신 방학 숙제를 많이 했어요. 수학 문제집도 반 넘게 풀고, 그림 그리는 숙제도 하고, 저 읽고 감상문 쓰는 숙제도 다 했어요. 그리고 지난주에는 가족과 함께 강원도로 여행을 다녀왔어요. 바다에 가서 수영도 하고, 아침 일찍 일어나 해 뜨는 것도 보았어요. 그렇게 일찍 일어난 건 처음인 것 같아.

선생님께서는 방학 동안 어떻게 지내시는지 궁금해요. 선생님은 방학 숙제가 없으니까 저희보다 더 즐거우실 것 같아요. 방학식을 하던 날, 선생님께서는 방학 동안 운동을 열심히 해서 건강해질 거라고 하셨는데, 건강해지셨는지도 궁금해요.

선생님이 많이 보고 싶어요. 장난치다가 선생님께 혼도 많이 났지만 선생님과 재미있게 놀았던 기억이 더 많이 나요. 방학이 끝나서 학교에 가면 선생님 말씀 잘 들을게요. 약속해요.

선생님, 개학 날 다시 만날 때까지 안녕히 계세요.

20○○년 8월 16일

김지후 올림

(편지의 형식에 맞게 전하고 싶은 마음이 잘 드러나게 써 봐)

이렇게 해요

생각 모으기 — 방학 때 선생님께 보낼 안부 편지에 쓸 내용을 떠올려 보고, 생각나는 대로 써 보세요.

안부 편지에 쓸 내용

나의 소식
예) • 방학 숙제를 많이 했음.
• 가족 여행을 다녀왔음.

선생님의 안부
예) • 방학 동안 어떻게 지내시는지 궁금함.
• 운동을 열심히 하셔서 건강해지셨는지 궁금함.

전하고 싶은 마음
예) • 선생님이 많이 보고 싶음.
• 앞으로 선생님 말씀을 잘 드를게요.

생각 정리 — 생각나는 대로 쓴 내용 중에서 안부 편지에 쓸 내용을 골라 정리해 보세요.

(안부 편지를 쓸 때에는 내가 한 일을 알려 드리거나, 궁금한 것을 물어보면 돼.)

받을 사람 선생님께

첫인사 예) 선생님, 그동안 잘 지내셨어요?

전하고 싶은 말 예)
• 선생님께서 내 주신 방학 숙제를 많이 한 일
• 가족 여행을 다녀온 일
• 방학 동안 어떻게 지내시는지 궁금함.
• 운동을 열심히 하셔서 건강해지셨는지 궁금함.
• 선생님이 많이 보고 싶음.
• 학교에 다시 가면 선생님 말씀을 잘 들을게요.

끝인사 예) 선생님, 개학 날 다시 만날 때까지 안녕히 계세요.

쓴 날짜 예) 20○○년 8월 16일

쓴 사람 예) 김지후 올림

축하 편지 쓰기

어떻게 쓸까요

생각 모으기 / 동생에게 보낼 축하 편지에 쓸 내용을 떠올려 보고, 생각나는 대로 써 봅니다.

축하 편지에 쓸 내용

축하할 일
• 동생이 초등학교 입학

전하고 싶은 마음
• 초등학생이 된 것을 축하함.
• 유치원생이라고 그동안 무시했던 것을 사과함.
• 학교에서 힘든 일이 있을 때 도와주겠음.
• 새로운 친구들과 학교에서 재미있게 지냈으면 좋겠음.

친구가 상을 받았거나 힘이 빠지게 되었을 경우와 같이, 다른 사람이 기쁜 일을 축하하거나 슬플 때 위로하는 편지를 써 봐!

생각 정리 / 생각나는 대로 쓴 내용 중에서 축하 편지에 쓸 내용을 골라 정리해 봅니다.

받을 사람 ▸ 사랑하는 동생 성호에게

첫인사 ▸ 성호야, 안녕? 나 누나야.
(tip) '사랑하는', '존경하는' 등 받는 사람 앞에 친근함을 표현하는 말을 쓰도 됩니다.

전하고 싶은 말 ▸
• 초등학교에 입학한 것을 축하함.
• 유치원생이라고 그동안 무시했던 것을 사과함.
• 학교에서 힘든 일이 있을 때 도와주고 싶음.
• 새로운 친구들, 새로운 선생님과 학교에서 재미있게 지냈으면 좋겠음.
(tip) 축하할 일을 읽고 전하고 싶은 마음이 잘 드러나게 씁니다.

끝인사 ▸ 성호야, 입학을 다시 한번 축하해! 그럼, 안녕!

쓴 날짜 ▸ 20○○년 3월 5일

쓴 사람 ▸ 누나 성아가

'축하'란 다른 사람의 좋은 일을 함께 기뻐하면서 인사하는 것을 말해요. '축하 편지'는 입학이나 졸업, 생일 등을 축하해 주는 편지예요. 축하하는 마음이 잘 전해지도록 써야 해요.

❀ 또박또박 쓴 글자를 따라 써 보세요.

글로 써 보기 / 정리한 내용으로 축하 편지를 써 봅니다.

받을 사람 ▸ 사랑하는 동생 성호에게

첫인사 ▸ 성호야, 안녕? 나 누나야.

전하고 싶은 말 ▸ 축하해 주고 싶은 일이 있어서 이렇게 편지를 써.
성호야, 초등학교에 입학한 것을 정말 축하해! 유치원에 다닌 꼬마 동생이 벌써 초등학생이 되었다니, 누나는 참 기뻐.
그동안 누나가 친구들이랑 게임을 할 때 네가 유치원생이라고 끼워 주지 않았던 거 미안해. 또 누나가 학교에서 있었던 일을 말할 때 넌 그것도 모른다면서 무시했던 것도 사과할게. 학교에서 힘든 일이나 모르는 것이 있으면 언제든지 물어봐. 누나가 도와줄게.
난 네가 새로운 친구들, 새로운 선생님과 함께 학교에서 재미있게 지냈으면 좋겠어. 초등학교도 유치원만큼 재미있으니까 잘 지낼 수 있을 거야.
성호야, 초등학교 입학을 다시 한번 축하해! 그럼, 안녕!

끝인사 ▸
쓴 날짜 ▸ 20○○년 3월 5일
쓴 사람 ▸ 누나 성아가

축하할 일이 무엇인지 밝히고 축하하는 마음이 잘 드러나게 써야 해.

* **입학** 학생이 되어 공부하기 위해 학교에 들어가는 것.

글로 써 보기 정리한 내용으로 축하 편지를 써 보세요.

예 지희에게

지희야, 안녕? 나 수현이야.

생일을 정말 축하해! 그리고 생일잔치에 초대해 주어서 고마워. 네가 고양이 캐릭터를 좋아하는 것 같아서 생일 선물로 고양이가 그려진 수첩이랑 필통을 준비했어. 내가 준비한 생일 선물이 네 마음에 들었으면 좋겠다.

3학년이 되고 나서 생일 초대를 처음 받은 거라서 정말 기대가 돼! 네가 생일날, 맛있는 음식도 많이 먹고, 친구들이랑 재미있게 놀고 싶어. 네가 생일 초대장에 그날 여러 가지 게임을 하자고 쓴 것을 보고, 빨리 네 생일이 되기만을 기다렸거든. 친구들이랑 재미있게 놀고 나면 앞으로 더 친하게 지낼 수 있을 것 같아. 우리 앞으로 더 친하게 지내자.

지희야, 생일을 다시 한번 축하해. 그럼, 안녕!

20○○년 4월 24일

수현이가

> 축하할 일이 무엇인지 밝히고 축하하는 마음이 잘 드러나게 써야 해.

자료 써 먹기

생각 모으기 친구에게 보낼 축하 편지에 쓸 내용을 떠올려 보고, 생각나는 대로 써 보세요.

축하 편지에 쓸 내용

축하할 일
예 친구의 생일

전하고 싶은 마음
예 · 생일을 축하함.
· 생일잔치에 초대해 주어서 고마움.
· 준비한 선물이 마음에 들었으면 좋겠음.
· 친구들이랑 맛있는 것도 먹고, 재미있게 놀고 싶음.
· 앞으로 더 친하게 지냈으면 좋겠음.

생각 정리 생각나는 대로 쓴 내용 중에서 축하 편지에 쓸 내용을 골라 정리해 보세요.

받을 사람 예 지희에게

첫인사 예 지희야, 안녕? 나 수현이야.

전하고 싶은 말
예 · 생일을 축하함.
· 생일잔치에 초대해 주어서 고마움.
· 준비한 선물이 마음에 들었으면 좋겠음.
· 친구들이랑 맛있는 것도 먹고, 재미있게 놀고 싶음.
· 앞으로 더 친하게 지냈으면 좋겠음.

끝인사 예 지희야, 생일을 다시 한번 축하해. 그럼, 안녕.

쓴 날짜 예 20○○년 4월 24일

쓴 사람 예 이수현이가

> 친구가 상을 받았거나 힘이 반장이 되었을 경우와 같이, 다른 사람의 기쁜 일을 축하해 주고 싶을 때 축하 편지를 써 봐.

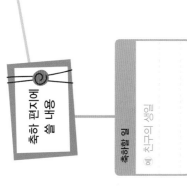

3주차 3회

감사 편지 쓰기

어떻게 쓸까요

친구에게 보낼 감사 편지에 쓸 내용을 떠올려 보고, 생각나는 대로 써 봅니다.

생각 모으기

고마운 일
- 운주랑 싸웠을 때 내 편을 들어 준 일
- 미술 준비물을 빌려 준 일

감사 편지에 쓸 내용

전하고 싶은 마음
- 내 편이 되어 주어서 고마웠음.
- 준비물을 잘 빌려주어서 고마웠음.
- 계속 사이좋게 지내고 싶음.

> 웃어른뿐 아니라 친구나 형, 동생에게 고마운 마음을 전할 때에도 감사 편지를 쓸 수 있어.

생각 정리

생각나는 대로 쓴 내용 중에서 감사 편지에 쓸 내용을 골라 정리해 봅니다.

받을 사람 최지아에게

첫인사 지아야, 안녕?

전하고 싶은 말
- 운주랑 싸웠을 때 내 편을 들어 준 일
- 미술 시간에 물감이랑 붓을 빌려준 일
- 내 편이 되어 주어서 든든하고 고마웠음.
- 준비물을 잘 빌려주어서 고마웠음.
- 계속 사이좋게 지내고 싶음.

끝인사 지아야, 작이 바뀌더라도 우리 계속 사이좋게 지내자. 그럼, 안녕!

쓴 날짜 20○○년 4월 12일

쓴 사람 작 한준우가

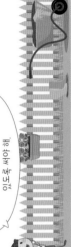

'감사'란 고맙다고 인사하는 것을 말해요. '감사 편지'는 고마운 일에 대해 감사의 마음을 전하기 위해 쓰는 편지예요.

◈ 흐리게 쓴 글자를 따라 써 보세요.

글로 써 보기 정리한 내용으로 감사 편지를 써 봅니다.

받을 사람 지아에게

첫인사 지아야, 안녕? 나 준우야.

전하고 싶은 말

네게 고마운 일이 있어서 이렇게 편지를 써. 어제 내가 운주랑 게임을 하다가 싸웠잖아. 그때 지아 네가 내 편을 들어 주어서 정말 고마웠어. 네가 아니었으면 운주는 내가 잘못했다고 계속 우겼을 거야. 내가 계임하는 걸 지켜봤다면서 나에게 잘못이 없다고 말했을 때, 넌 진짜 내 구세주*였어. 얼마나 든든했는지 몰라.

그리고 고마운 일이 또 있어. 지난 주 미술 시간에 내가 준비물을 깜빡 잊고 안 가져갔잖아. 그때 네가 물감이랑 붓을 빌려줘서 정말 고마웠어. 나랑 팔레트*까지 나눠 쓰는 바람에 그림을 늦게 완성했잖아. 매번 내 물건을 잘 빌려줘서 고맙게 생각하고 있어.

지아야, 작이 바뀌더라도 우리 계속 사이좋게 지내자. 앞으로는 나도 준비물을 잘 챙기도록 할게.

끝인사 지아야, 작이 바뀌더라도 우리 계속 사이좋게 지내자. 그럼, 안녕!

쓴 날짜 20○○년 4월 12일

쓴 사람 너의 짝 준우가

> 감사 편지를 쓸 때에는 고마운 마음이 잘 전해질 수 있도록 써야 해.

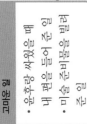

* **구세주** 어려움에서 구해 주는 사람을 비유적으로 이르는 말.
* **팔레트** 그림을 그릴 때 물감을 짜서 쓰는 판.

어휘로 써 보기

생각 모으기
어버이날 부모님께 보낼 감사 편지에 쓸 내용을 떠올려 보고, 생각나는 대로 써 보세요.

감사 편지에 쓸 내용

고마운 일
예 · 항상 아낌없는 사랑을 주시는 것
· 정성껏 밥과 간식을 챙겨 주시는 것
· 피곤하실텐데도 나와 함께 놀아 주시는 것

전하고 싶은 마음
예 · 감사하는 마음
· 부모님 말씀을 잘 듣는
· 않아서 죄송한 마음
· 사랑하는 마음

평소 부모님께 감사했던 일을 떠올려 보고, 고마운 마음을 표현해 봐.

생각 정리
생각나는 대로 쓴 내용 중에서 감사 편지에 쓸 내용을 골라 정리해 보세요.

아빠, 엄마에게

받을 사람 예 아빠, 엄마에게

첫인사 예 아빠, 엄마, 안녕하셨어요?

전하고 싶은 말
예 · 항상 아낌없는 사랑을 주시는 것
· 정성껏 밥과 간식을 챙겨 주시는 것
· 피곤하실텐데도 나와 함께 놀아 주시는 것
· 아빠, 엄마 말씀을 잘 듣지 않아서 죄송함.
· 아빠, 엄마 말씀을 잘 듣고 공부 열심히 하겠음.

끝인사 예 아빠, 엄마를 세상에서 가장 사랑해요. 늘 건강하세요.

쓴 날짜 예 20○○년 5월 7일

쓴 사람 예 부모님을 사랑하는 이름 주호 올림

문장 써 보기

정리한 내용으로 감사 편지를 써 보세요.

아빠, 엄마에게

예 아빠, 엄마, 안녕하셨어요? 저 주호예요.
어버이날을 맞아서 학교에서 부모님께 감사 편지를 썼어요.
아빠, 엄마, 항상 저를 아낌없이 사랑해 주셔서 고맙습니다. 엄마는 제가 좋아하는 간식을
를 위해 맛있는 밥을 챙겨 주시고, 아빠는 주말에 제가 좋아하는 음식을 먹어
만들어 주셔서 고마워요. 우리 집에 와서 엄마가 해 주시는 음식
보 친구들도 제일 부러워해요. 제가 튼튼한 것도 엄마가 요리해 주신 음식
덕분인 것 같아요. 그리고 아빠는 회사에 다니시느라 피곤하실텐데도 주
말마다 저와 축구를 해 주셔서 고마워요.
지금까지 아빠, 엄마의 말씀을 잘 듣지 않고, 버릇없이 굴어서 죄송합
니다. 앞으로는 아빠, 엄마의 말씀을 잘 듣고 공부도 열심히 할게요.
아빠, 엄마를 세상에서 가장 사랑해요. 늘 건강하세요.

20○○년 5월 7일

부모님을 사랑하는 아들, 주호 올림

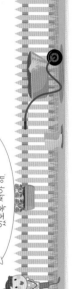

감사 편지를 쓸 때에는 고마운 마음이 잘 전해질 수 있도록 씨어야 해.

사과 편지 쓰기

3주차 4회

어떻게 쓸까요

생각 모으기 언니에게 보낼 사과 편지에 쓸 내용을 떠올려 보고, 생각나는 대로 써 봅니다.

사과할 일
• 언니 물건을 허락 없이 쓴 일
• 언니 일기장을 몰래 본 일

사과 편지에 쓸 내용

전하고 싶은 마음
• 미안한 마음
• 사랑하는 마음

나의 다짐
• 앞으로는 언니 물건을 쓸 때 미리 물어보겠음.
• 언니가 없을 때 언니 방에 들어가지 않겠음.

> 상대방의 마음이 어땠을지 생각해 보고 진심을 담아 사과하도록 해.

생각 정리 생각나는 대로 쓴 내용 중에서 사과 편지에 쓸 내용을 골라 정리해 봅니다.

받을 사람 언니에게

첫인사 언니, 안녕? 나 윤아야.

전하고 싶은 말
• 언니 물건을 허락 없이 쓰다가 망가뜨려서 미안함.
• 언니 일기장을 몰래 봐서 미안함.
• 평소에 언니 말을 안 듣고, 언니에게 잘 대들지만 언니를 많이 사랑함.
• 앞으로는 언니 물건을 쓸 때 미리 물어보겠음.
• 언니가 없을 때 언니 방에 들어가지 않겠음.

끝인사 언니, 앞으로도 나랑 잘 놀아 줄 거지? 언니도 약속해 줘. 그럼, 안녕!

쓴 날짜 20○○년 7월 2일

쓴 사람 언니의 귀여운 동생 윤아가

● '사과 편지'는 잘못을 인정하고 용서를 빌기 위해 쓰는 편지예요. '사과 편지'를 쓸 때에는 편지 자신의 잘못에 대해 쓰고, 미안해하는 마음이 잘 전해질 수 있게 진심을 담아 쓰세요.

◆ 바르게 쓴 글자를 따라 써 보세요.

글로 써 보기 정리한 내용으로 사과 편지를 써 봅니다.

받을 사람 언니에게

첫인사 언니, 안녕? 나 윤아야.

전하고 싶은 말 내 편지 받고 놀랐지? 언니에게 직접 사과하고 싶었는데, 용기가 안 나서 이렇게 편지를 써.

언니가 아끼는 펜 몰래 쓰다가 망가뜨린 거랑 고양이 장식 머리핀을 언니에게 말 안 하고 학교에 꽂고 가서 잃어버린 것도 미안해. 그리고 언니 일기장 몰래 본 것도 미안해. 언니가 나에게 비밀이 너무 많은 것 같아서 언니 일기장을 살짝 봤어. 내가 잘못했으니까 용서해 줄래?

내가 평소에 언니 말 안 듣고, 언니에게 잘 대들지만 언니를 많이 사랑하는 거 알지? 앞으로 언니 물건 쓰고 싶을 때에는 미리 물어볼게. 또 언니가 없을 때 언니 방에 들어가지 않을 거야. 약속할게.

언니, 앞으로도 나랑 잘 놀아 줄 거지? 언니도 약속해 줘.

그럼, 안녕!

쓴 날짜 20○○년 7월 2일

쓴 사람 언니의 귀여운 동생 윤아가

> 사과 편지를 쓸 때에는 사과를 한 후, 앞으로 어떻게 하겠다는 다짐을 덧붙여 쓰는 게 좋아.

이야기 써 보기

생각 모으기 친구에게 보낼 사과 편지에 쓸 내용을 떠올려 보고, 생각나는 대로 써 보세요.

사과 편지에 쓸 내용

사과할 일
예) • 급식 시간에 반찬을 빼앗어 먹은 일
  • 다른 친구하고만 게임을 한 일

전하고 싶은 마음
예) • 미안한 마음
  • 앞으로 더 친하게 지내고 싶은 마음

'나'의 다짐
예) • 반찬을 나누어 줄 수 있는지 먼저 물어보겠음.
  • 게임을 같이 하고 싶은지 물어보겠음.

> 상대방의 마음이 어땠을지 생각해 보고 진심을 담아 사과하도록 해 해.

생각 정리 생각나는 대로 쓴 내용 중에서 사과 편지에 쓸 내용을 골라 정리해 보세요.

받을 사람 예) 이효연에게

첫인사 예) 효연아, 안녕? 나 예준이야.

전하고 싶은 말
예) • 내가 좋아하는 반찬이 나오면 물어보지도 않고 반찬을 빼앗어 먹은 일
  • 다른 친구하고만 게임을 한 일
  • 미안한 마음
  • 앞으로는 반찬을 나누어 줄 수 있는지 먼저 물어보겠음.
  • 게임을 같이 하고 싶은지 물어보겠음.
  • 앞으로 더 친하게 지내고 싶은 마음

끝인사 예) 효연아, 앞으로 우리 더 사이좋게 지내자. 그럼, 안녕!

쓴 날짜 예) 20○○년 10월 6일

쓴 사람 예) 김예준이가

글로 써 보기 정리한 내용으로 사과 편지를 써 보세요.

예) 효연이에게

효연아, 안녕? 나 예준이야.

너에게 사과할 일이 있어서 이렇게 편지를 써. 효연아, 급식 시간에 내가 좋아하는 반찬이 나오면 너에게 물어보지도 않고 네 반찬을 빼앗어 먹어서 미안해. 오늘도 소시지 볶음이 나왔을 때 네 소시지 볶음을 빼앗어 먹었잖아. 정말 미안했어. 그리고 다른 친구하고만 게임을 한 것도 정말 미안해. 내가 혼자 많이 났다고 장수가 얼려 줘서 알았어. 난 네가 게임하는 것을 별로 안 좋아하는 줄 알고 너한테 물어보지도 않았어. 정말 미안해!

효연아, 앞으로는 급식 시간에 반찬을 나누어 줄 수 있는지 먼저 물어볼게. 네가 싫다고 하면 절대로 네 반찬 안 먹을 거야. 약속해! 그리고 게임을 같이 하고 싶은지도 꼭 물어볼게. 그동안 너를 수상하게 했던 일 다 용서해 줄래?

효연아, 앞으로 우리 더 사이좋게 지내자. 그럼, 안녕!

20○○년 10월 6일

예준이가

> 사과 편지를 쓴 때에는 사과를 한 후, 앞으로 어떻게 하겠다는 다짐을 덧붙여 쓰는 게 좋아.

'위문'이란 위로하고 찾아가거나 안부를 묻는 것을 말해요. '위문편지'는 몸이 아픈 사람, 힘든 일을 하는 사람, 어려운 일을 겪고 슬퍼하는 사람을 위로하기 위해 쓰는 편지예요.

★ 흐리게 쓴 글자를 따라 써 보세요.

글로 써 보기 정리한 내용으로 위문편지를 써 봅니다.

신우에게

받을 사람

첫인사

전하고 싶은 말

신우야, 잘 있니? 다리 다친 것은 좀 어때?

네가 다쳤다는 소식 듣고 깜짝 놀랐어. 특히 축구부 친구들이 많이 형들이 많이 걱정했단다. 다음 주에는 네가 다시 학교에 나올 수 있다고 선생님께 얘기 들었어. 하교에 나오면 내가 가방도 들어 주고 옆에서 많이 도와줄게. 다리가 다 나을 때까지 시기고 싶은 일이 있으면 나한테 말만 해. 내가 다 해 줄게.

이번 축구 경기에 나가지 못해서 실망했지? 축구 경기에 처음 나간다고 연습도 많이 했는데 실망도 많이 얐이……. 하지만 경기는 몇 달 뒤에 또 있으니까 너무 실망하지 마. 다리가 다 나으면 나랑 같이 연습하자! 열심히 연습하면 우리 축구 실력이 쑥 올라 가겠지? 네가 없으니까 학교생활이 너무 심심해. 네가 빨리 돌아왔으면 좋겠어.

끝인사

쓴 날짜

쓴 사람

신우야, 잘 지내고, 빨리 다리가 낫기를 바랄게. 그럼, 안녕!

2000년 9월 30일
네 단짝 민성이가

위문편지를 쓸 때에는 힘든 일을 겪고 있는 사람이 힘든 일을 이겨낼 수 있도록 따뜻한 마음 용기를 주어야 해

위문편지 쓰기

이렇게 써요

생각 모으기 친구에게 보낼 위문편지에 쓸 내용을 떠올려 보고, 생각나는 대로 써 봅니다.

위문편지에
쓸 내용

위문할 일
• 다리를 다친 일
• 축구 경기에 나갈 수 없게 된 일

전하고 싶은 마음
• 학교에 오면 옆에서 많이 도와주겠음.
• 다리가 나으면 같이 축구 연습을 하고 싶음.
• 경기는 몇 달 뒤에 또 있음.
• 열심히 연습하면 너무 실망하지 않으면 좋겠음.
• 내가 없어서 하교생활이 심심함.

힘든 일을 겪고 있는 사람에게 힘이 나는 내용으로 써 봐

생각 정리 생각나는 대로 쓴 내용 중에서 위문편지에 쓸 내용을 골라 정리해 봅니다.

받을 사람 김신우에게

첫인사 신우야, 잘 있니? 다리 다친 것은 좀 어때?

전하고 싶은 말
• 학교에 다시 나오면 가방도 들어 주고 옆에서 많이 도와주겠음.
• 축구 경기는 몇 달 뒤에 또 있음.
• 다리가 나으면 같이 축구 연습을 하고 싶음.
• 열심히 연습하면 축구 실력이 더 좋아질 것임.
• 네가 없어서 하교생활이 심심함.

끝인사 신우야, 잘 지내고, 빨리 다리가 낫길 바랄게. 그럼, 안녕!

쓴 날짜 2000년 9월 30일

쓴 사람 네 단짝 최민성이가

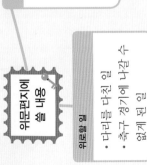

글로 써 보기　정리한 내용으로 위문편지를 써 보세요.

국군 아저씨께

예 아저씨, 안녕하세요? 저는 송월초등학교 3학년 재지예요.

나라를 지키기 위해 가족과 헤어져서 힘든 훈련을 하시느라 고생이 많으세요. 많이 힘드시지요?

군대에서는 어떻게 생활하시나요? 매일매일 좋을 쓰는 훈련을 하시나요? 궁금한 게 참 많아요. 텔레비전에서 본 건데, 눈이 많이 있을 때 군인 아저씨들이 눈을 치우는 것을 봤어요. 눈을 치우는 것 말고 또 어떤 일을 하시는지 궁금해요.

선생님께서는 국군 아저씨들이 나라를 지켜 주셔서 우리가 안전하게 지낼 수 있다고 하셨어요. 용감한 아저씨들이 나라를 지켜 주셔서 정말 든든해요. 고맙습니다. 맛있는 간식을 선물로 드리고 싶어서 함께 보내 드려요. 다치지 말고 항상 건강하게 지내세요.

아저씨, 그럼 안녕히 계세요.

20○○년 9월 26일
재지아 드림

> 위문편지를 쓸 때에는 걱정이 있는 사람의 힘든 일을 이겨 낼 수 있도록 따뜻한 말로 용기를 주어야 해

어휘로 깨치기

생각 모으기　국군 아저씨에게 보낼 위문편지에 쓸 내용을 떠올려 보고, 생각나는 대로 써 보세요.

위문편지에 쓸 내용

위문할 일
예 • 나라를 지키기 위해 가족과 헤어진 것
• 힘든 훈련을 하시느라 고생하시는 것

전하고 싶은 마음
예 • 군대에서 어떻게 생활하시는지 궁금함.
• 나라를 지켜 주셔서 든든하고 감사함.
• 맛있는 간식을 선물로 드리고 싶음.
• 다치지 말고 건강하게 지내셨으면 좋겠음.

생각 정리　생각나는 대로 쓴 내용 중에서 위문편지에 쓸 내용을 골라 정리해 보세요.

국군 아저씨께

> 국군 아저씨들은 나라를 지키느라 고생하고 계셔. 국군 아저씨에게 힘을 줄 수 있는 따뜻한 마음을 떠올려 봐.

받을 사람 예 아저씨, 안녕하세요? 저는 송월초등학교 3학년 재지예요.

첫인사

전하고 싶은 말 예 • 나라를 지키기 위해 가족과 헤어져서 힘든 훈련을 하시느라 고생이 많음.
• 군대에서 어떻게 생활하시는지 궁금함.
• 나라를 지켜 주셔서 든든하고 감사함.
• 맛있는 간식을 선물로 드리고 싶음.
• 다치지 말고 건강하게 지내셨으면 좋겠음.

끝인사 예 아저씨, 그럼 안녕히 계세요.

쓴 날짜 예 20○○년 9월 26일

쓴 사람 예 재지아 드림

참 잘했어요

미로를 통과해 친구에게 편지를 주려고 해요. 상황에 맞는 편지를 받은 동물에 ○표 해 보세요.

힌트: 길을 따라 가면 친구에게 갈 수 있어요.

미로 찾기

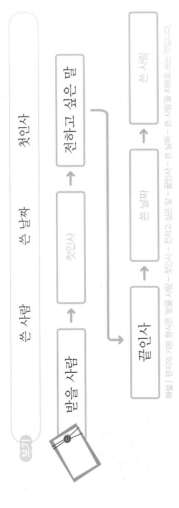

아하~ 알았어요

1 편지를 쓰는 차례입니다. 빈칸에 들어갈 알맞은 말을 보기 에서 찾아 써 보세요.

보기: 쓴 사람 쓴 날짜 첫인사 전하고 싶은 말 끝인사 쓴 사람

받는 사람 → 첫인사 → 전하고 싶은 말 → 끝인사 → 쓴 날짜 → 쓴 사람

해설 | 편지의 기본 형식은 받을 사람 - 첫인사 - 전하고 싶은 말 - 끝인사 - 쓴 날짜 - 쓴 사람을 차례로 쓰는 것입니다.

2 편지에 들어가는 내용 중 무엇에 대한 설명인지 알맞은 것에 ○표 하세요.

편지를 끝낼 때 상대방에게 잘 지내라고 하는 마무리 인사

첫인사 □   전하고 싶은 말 □   끝인사 □

해설 | 편지를 끝낼 때 상대방에게 잘 지내라고 하는 마무리 인사를 끝인사라고 합니다.

3 편지에서 '전하고 싶은 말'에 쓸 내용으로 알맞은 것에 ○표 하세요.

지아야, 안녕? 나 준우야.
해설 | 첫인사에 쓰는 내용입니다.

네가 다쳤다는 소식 듣고 깜짝 놀랐어. 특히 축구부 친구들이랑 형들이 많이 걱정했단다. ○
해설 | '전하고 싶은 말'에 쓰는 내용입니다.

언니, 앞으로도 나랑 잘 놀아 줄 거지? 언니도 약속해 줘. 그럼, 안녕!
해설 | 끝인사에 쓰는 내용입니다.

할머니, 항상 건강하세요. 다시 뵐 때까지 안녕히 계세요.
해설 | 끝인사에 쓰는 내용입니다.

80 쓰기가 문해력이다   3단계 3주차 36 정답과 해설   3단계 3주차 - 참 잘했어요 81

3단계

쓰기가
문해력
이다

4주차 정답과 해설

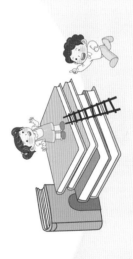

독서 카드란 책을 읽고 나서 책의 내용과 자신의 생각이나 느낌을 기록한 것을 말해요. 일기 형식의 독서 카드를 쓸 때에는 책의 내용, 생각이나 느낌 등을 일기 형식에 맞게 써요.

★ 흐리게 쓴 글자를 따라 써 보세요.

정리한 내용으로 일기 형식의 독서 카드를 써 봅니다.

글로 써 보기

날짜와 요일: 20○○년 11월 29일 월요일

제목: 피 땋은 토끼

읽은 책: 오늘 학교 도서관에서 『토끼전』을 빌려 읽어 읽었다. 책 내용이 재미있어서 기억에 남았다.

책 내용:
바닷속 용왕이 큰 병에 걸렸는데, 토끼의 간을 먹으면 낫는다는 말을 듣게 된다. 그래서 자라가 토끼의 간을 구하러 간다. 자라는 땅으로 올라가 토끼를 만나고, 토끼에게 용궁으로 가면 보물도 얻고, 맛있는 음식도 전부 먹을 수 있다며 함께 가자고 한다. 토끼는 보물을 얻을 욕심에 용궁으로 간다. 죽을 위험에 처한 토끼는, 짐착하게 꾀를 내어 육지에 간을 놓고 왔다고 거짓말을 한다. 자라와 함께 다시 땅으로 올라온다. 토끼는 땅으로 올라오자 마자 어리석은* 자라를 놀리며 도망가 버린다.

생각이나 느낌:
토끼처럼 욕심을 부리다가 나쁜 일을 당할 수 있지만 어떤 일이 일이 생겼을 때 토끼처럼 짐착하게 행동하면 문제를 해결할 수도 있다는 것을 알았다.

책 내용을 정리할 때에는 일이 일어난 순서대로 내용을 간단하게 쓰면 돼.

* 어리석은: 똑똑하지 못하고 둔함.

이렇게 쓸까요

일기 형식의 독서 카드 쓰기

책을 읽고 기억에 남는 장면, 생각이나 느낌 등을 생각나는 대로 정리해 봅니다.

생각 모으기

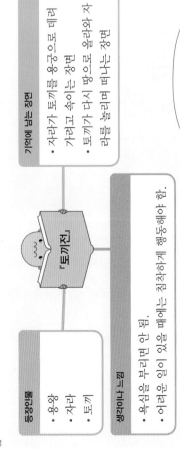

등장인물
• 용왕
• 자라
• 토끼

『토끼전』

기억에 남는 장면
• 자라가 토끼를 용궁으로 데려 가려고 속이는 장면
• 토끼가 다시 땅으로 올라와 자라를 놀리며 떠나는 장면

생각이나 느낌
• 욕심을 부리면 안 됨.
• 어려운 일이 있을 때에는 침착하게 행동해야 함.

생각나는 대로 쓴 내용 중에서 일기 형식의 독서 카드에 쓸 내용을 정리해 봅니다.

생각 정리

날짜와 요일: 20○○년 11월 29일 월요일

제목: 피 땋은 토끼

읽은 책: 학교 도서관에서 빌린 『토끼전』을 읽음. 책 내용이 재미있어서 기억에 남음.

등장인물은 책에 나오는 인물 중 중요한 인물만 쓰면 돼.

책 내용:
• 용왕이 큰 병에 걸렸는데, 토끼의 간을 먹으면 낫는다는 말을 듣게 됨.
• 자라가 토끼의 간을 구하러 땅으로 올라가 토끼를 만남.
• 토끼가 자라의 말에 속아서 자라와 함께 간을 놓고 왔다고 거짓말을 함. (tip) 책의 내용을 중심으로 씀.
• 죽을 위험에 처한 토끼가 꾀를 내어 간을 놓고 왔다고 거짓말을 함.
• 다시 땅으로 온 토끼는 어리석은 자라를 놀리고 도망감.

생각이나 느낌:
• 토끼처럼 욕심을 부리다가 나쁜 일을 당할 수 있음.
• 어려운 일이 있을 때 침착하게 행동하면 문제를 해결할 수 있음.

4주차 1회 2회 3회 4회 5회

글로 써 보기 정리한 내용으로 일기 형식의 독서 카드를 써 보세요.

날짜요일 예) 20○○년 5월 24일 월요일

제목 예) 비가 보슬보슬 내리는 날

욕심 많은 형과 착한 동생

친구 집에 놀러 갔다가 『흥부전』을 읽게 되었다.

놀부는 부모님이 돌아가시자 재산을 차지하고 동생 흥부를 내

쫓는다. 가난하게 살던 흥부는 우연히 다리가 부러진 제비를 치료

해 주고, 박씨를 하나 얻는다. 흥부가 잘 키운 박을 타자 보물과

쌀, 비단이 쏟아져 나와 흥부는 부자가 된다. 흥부의 소문을 들은

놀부는 일부러 제비의 다리를 부러뜨린 다음 치료해 준다. 하지만

제비가 물어다 준 박씨를 심어 기른 박에서는 도깨비가 나오고, 놀

부는 도깨비에게 혼이 난다.

흥부처럼 착하게 살면 복을 받고, 놀부처럼 욕심만 부리고 못

되게 살면 벌을 받는다는 내용이 재미있었다. 나도 앞으로는 동생을

괴롭히지 않는 착한 형이 되어야겠다.

> 책 내용을 정리할 때에는 일이 일어난 순서대로 내용을 간단하게 쓰면 돼.

생각 채우기

생각 모으기 책을 읽고 기억에 남는 장면, 생각이나 느낌 등을 생각나는 대로 정리해 보세요.

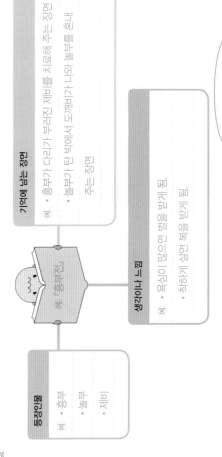

등장인물
예) 흥부 · 놀부 · 제비

예) 『흥부전』

기억에 남는 장면
예) • 흥부가 다리가 부러진 제비를 치료해 주는 장면
• 놀부가 탄 박 속에서 도깨비가 나와 놀부를 혼내 주는 장면

생각이나 느낌
예) • 욕심이 많으면 벌을 받게 됨.
• 착하게 살면 복을 받게 됨.

> 등장인물 중 책에 나오는 인물 중 중요한 인물만 쓰면 돼

생각 정리 생각나는 대로 쓴 내용 중에서 일기 형식의 독서 카드에 쓸 내용을 정리해 보세요.

날짜요일 예) 20○○년 5월 24일 월요일

제목 예) 욕심 많은 형과 착한 동생

처음 예) 친구 집에 놀러 갔다가 『흥부전』을 읽게 됨.

가운데
예) • 놀부는 부모님이 돌아가시자 재산을 차지하고 동생 흥부를 내쫓음.
• 흥부가 다리가 부러진 제비를 치료해 주자, 제비가 박씨 하나를 물어다 줌.
• 흥부가 잘 키운 박을 타자 보물과 쌀, 비단이 쏟아져 나옴.
• 놀부가 흥부의 소문을 듣고, 일부러 제비의 다리를 부러뜨린 다음 치료해 줌.
• 제비가 물어다 준 박씨로 기른 박에서 도깨비가 나와 놀부를 혼내 줌.

끝
예) • 흥부처럼 착하게 살면 복을 받게 됨.
• 놀부처럼 욕심이 많으면 벌을 받게 됨.
• 나도 착한 형이 되어야겠다.

편지 형식의 독서 카드 쓰기

2회 / 4주차

어떻게 쓸까요

책을 읽고 기억에 남는 등장인물이 말이나 행동을 떠올리고, 생각이나 느낌을 생각나는 대로 정리해 봅니다.

생각 모으기

『행복한 왕자』

기억에 남는 인물
• 제비

기억에 남는 말이나 행동
• 제비가 행복한 왕자의 루비를 아픈 아이의 집에 가져다줌.
• "저는 왕자님과 늘 함께 있겠어요."
• 전사가 왕자의 심장과 죽은 제비를 하늘로 데려감.

생각이나 느낌
• 불쌍한 사람들을 위해 왕자의 신부름을 하다가 죽은 제비가 정말 훌륭함.
• 다른 사람을 위해 사는 것이 진짜 행복함.

생각나는 대로 쓴 내용 중에서 편지 형식의 독서 카드에 쓸 내용을 정리해 봅니다.

받을 사람 왕자를 도운 제비에게
첫인사 제비야, 안녕? 나는 권순아라고 해.
전하고 싶은 말
• 제비가 왕자의 루비를 아픈 아이의 집에 가져다주는 모습이 기억에 남음.
• 사실 제비가 빨리 따뜻한 나라로 갔으면 했음.
• 제비도 따뜻한 나라로 가지 않고, 왕자의 사파이어와 금 조각을 사람들에게 전해 줌.
• 행복한 왕자와 제비 덕분에 마음이 가난한 사람들이 행복해짐.
• 다른 사람을 위해 사는 것이 참된 행복임을 알게 됨.

끝인사 제비야, 천국에서는 왕자와 함께 행복하게 살아야 해. 안녕!
쓴 날짜 20○○년 10월 7일
쓴 사람 권순아가

> 기억에 남는 인물은 주인공일 수도 있고, 주인공이 아닐 수도 있어.

(tip) 책의 내용을 중심으로 전하고 싶은 말을 씁니다.

편지 형식의 독서 카드를 쓸 때는 책에 나오는 등장인물 중 한 사람을 고르고, 그 사람에게 하고 싶은 말을 편지 형식에 맞게 써요.

▶ 흐리게 쓴 글자를 따라 써 보세요.

글로 써 보기
정리한 내용으로 편지 형식의 독서 카드를 써 봅니다.

받을 사람 왕자를 도운 제비에게
첫인사 제비야, 안녕? 나는 권순아라고 해.
전하고 싶은 말
「행복한 왕자」를 읽고, 제비 네가 기억에 남아서 너에게 편지를 쓰고 싶었어.

내가 왕자의 부탁으로 왕자의 잠자루에 박혀 있던 루비를 아픈 아이의 집에 가져다주는 모습이 기억에 남아. 사실 난 네가 빨리 친구들이 있는 따뜻한 나라로 갔으면 했었어. 그런데 넌 왕자의 부탁을 거절하지 않았어. 그 뒤에도 넌 왕자의 사파이어와 금 조각을 사람들에게 전해 주지. 너와 행복한 왕자 덕분에 마음이 가난한 사람들이 행복해질 수 있었어.

하지만 겨울이 되어 심부름을 하던 네가 얼어 죽고, 볼품없이 진 왕자의 동상을 사람들이 녹였을 때 나는 너무 슬퍼서 눈물이 났단다. 천사가 와서 너와 왕자의 녹슨 심장을 하늘로 데려가는 걸 보고, 다른 사람을 위해 사는 것이 참된 행복이라는 것을 깨달았어.

끝인사 제비야, 천국에서는 왕자와 함께 행복하게 살아야 해. 안녕!
쓴 날짜 20○○년 10월 7일
쓴 사람 권순아가

> 기억에 남는 등장인물이 없으나 행동에서 느낀 점을 자세히 선대

(tip) 등장인물이 사람이 아니어도 사람처럼 생각하고 편지를 써도 됩니다.

이렇게 써요

생각 모으기

책을 읽고 기억에 남는 등장인물의 말이나 행동을 떠올리고, 생각이나 느낌을 생각나는 대로 정리해 보세요.

기억에 남는 인물
예) 인어 공주

기억에 남는 말이나 행동
예) • 인어 공주가 마녀에게 목소리를 주고, 사람의 다리를 얻음.
• 인어 공주는 왕자님을 칼로 찌르지 못하고 물거품으로 변하게 됨.

생각이나 느낌
예) • 자신의 목숨보다 왕자를 더 사랑한 인어 공주의 사랑이 대단함.
• 사랑하는 가족을 두고 왕자님에게 간 인어 공주님이 이해가 안 됨.

> 기억에 남는 인물은 주인공일 수도 있고, 주인공이 아닐 수도 있어.

생각 정리

생각나는 대로 쓴 내용 중에서 편지 형식의 독서 카드에 쓸 내용을 정리해 보세요.

받을 사람 예) 인어 공주님에게

첫인사 예) 인어 공주, 안녕하세요? 저는 한국에 사는 김세희예요.

전하고 싶은 말
예) • 인어 공주가 왕자님을 보고 사랑에 빠짐.
• 마녀에게 자신의 목소리를 주고, 사람의 다리를 얻음.
• 사랑하는 가족과 헤어져야 하는데도 왕자님을 만나러 가는 인어 공주가 이해가 안 됨.
• 인어 공주는 왕자님을 칼로 찌르지 못하고, 결국 물거품으로 변함.
• 왕자님보다는 자기 자신을 더 아껴야 한다고 생각함.
• 인어 공주님이 너무 불쌍함.

끝인사 예) 인어 공주님, 지금 개신 곳에서는 행복하게 지내시면 좋겠어요. 그럼 안녕히 계세요.

쓴 날짜 예) 2000년 8월 5일

쓴 사람 예) 인어 공주님을 좋아하는 세희 드림

혼자서 써요

정리한 내용으로 편지 형식의 독서 카드를 써 보세요.

예) 인어 공주님에게

인어 공주, 안녕하세요? 저는 한국에 사는 김세희예요.
「인어 공주」를 읽고, 인어 공주님이 너무 안타까워서 이렇게 편지를 써요. 왕자님을 보고 사랑에 빠진 인어 공주님은 마녀에게 목소리를 주고, 대신에 사람의 다리를 얻어서 왕자님에게 가잖아요. 저는 사실 사랑하는 가족과 헤어져서 왕자님을 만나러 가는 공주님이 이해가 안 됐어요. 왜냐하면 저에게는 아빠, 엄마, 동생이 가장 소중한 사람들이거든요. 공주님에게는 언니들이 준 칼로 왕자님을 찌르고 다시 가족의 품으로 돌아갈 수 있는 기회가 있었지만 사랑하는 왕자님을 찌르지 못하고 결국 물거품으로 변하게 되지요. 자신의 목숨보다 왕자님을 더 사랑한 공주님이 대단하다고 생각해요. 하지만 저는 왕자님보다는 가족과 자기 자신을 더 아껴야 한다고 생각해요. 가족과 헤어지고, 왕자님과도 헤어지게 된 공주님, 지금 개신 곳에서는 행복하게 지내시면 좋겠어요.

그럼, 안녕히 계세요.

2000년 8월 5일

인어 공주님을 좋아하는 세희 드림

> 기억에 남는 등장인물이 많거나 행동에서 느낀 점을 자세히 쓰면 돼.

동시 형식의 독서 카드 쓰기

어떻게 쓸까요

생각 모으기 책을 읽고 기억에 남는 장면, 생각이나 느낌 등을 생각나는 대로 정리해 봅니다.

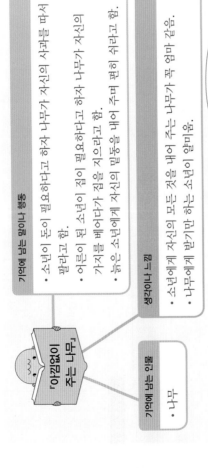

「아낌없이 주는 나무」

기억에 남는 인물
• 나무

기억에 남는 말이나 행동
• 소년이 돈이 필요하다고 하자 나무가 자신의 사과를 따서 팔라고 함.
• 어른이 된 소년이 집이 필요하다고 하자 나무 자신의 가지를 베어다가 집을 지으라고 함.
• 늙은 소년에게 자신의 밑동을 내어 주며 편히 쉬라고 함.

생각이나 느낌
• 소년에게 자신의 모든 것을 내어 주는 나무가 꼭 엄마 같음.
• 나무에게 받기만 하는 소년이 얄미움.

생각 정리 생각나는 대로 쓴 내용 중에서 동시 형식의 독서 카드에 쓸 내용을 정리해 봅니다.

제목: 나무는 엄마 같아!
이름: 김지호

동시로 표현하고 싶은 내용
• 소년이 돈이 필요하다고 하자 나무가 자신의 사과를 따서 팔라 고 함. → 시의 1연
• 어른이 된 소년이 집이 필요하다고 하자 나무 자신의 가지를 베어다가 집을 지으라고 함. → 시의 2연
• 늙은 소년이 찾아와 쉬고 싶다고 하자 나무가 자신의 밑동을 내 어 주며 편히 쉬라고 함. → 시의 3연
• 자신의 모든 것을 다 주는 나무가 꼭 엄마 같음. 나무에게 받기 만 하는 소년이 얄미움. → 시의 4연

(동시에서 한 줄 한 줄을 행이라고 하고, 행이 모인 단어리를 연이라고 해.)

'동시'란 어린이들의 생활 모습이나 마음을 어린이들이 이해할 수 있는 말로 표현한 글이에요. 동시 형식의 독서 카드를 쓸 때에는 책을 읽고 느낀 점이나 생각을 짧은 문장으로 표현하면 돼요.

동그라게 쓴 글자를 따라 써 보세요.

글로 써 보기 정리한 내용으로 동시 형식의 독서 카드를 써 봅니다.

제목: 나무는 엄마 같아!
이름: 김지호

1연
나무야, 돈이 필요해!
자, 내 사과를 팔렴.

2연
나무야, 집이 필요해!
자, 내 가지를 가져가렴.

3연
나무야, 난 이제 늙었어.
편히 쉴 곳이 필요해.
자, 여기 내 밑동에서 쉬렴.

4연
모든 것을 다 주는
나무는 엄마 같아!
받기만 하는 얄미운
소년은 나일까?

* 밑동: 나무줄기에서 뿌리에 가까운 부분.

(이야기 속 등장인물의 행동이나 마음을 흉내 내는 말, 반복되는 말 등을 이용해서 재미있게 표현해 봐.)

김지호

글로 써 보기

정리한 내용으로 동시 형식의 독서 카드를 써 보세요.

4 주차 / 1회 / 2회 / 3회 / 4회 / 5회

제목 ▶ 예) 방귀는 죄가 없지!

이름 ▶ 손아인

1연
아버님, 어머님, 시방님
꼭 잡으세요!
뿌우우웅
아이고, 우리 늘어가네

2연
이번에는 배나무다!
힘을 주고,
뿌우우웅
배가 후두둑 떨어지네

3연
아이고, 우리 며느리
방귀가 최고네!
신통방통 쓸모 있네!
시아버지 하하하

4연
방귀쟁이 며느리 방귀
백 점짜리 방귀
신통방통 방귀
방귀는 죄가 없지!

5연
며느리 방귀는 힘센 방귀
아빠 방귀는 구린 방귀
내 방귀는 귀여운 방귀
방귀는 죄가 없지!

> 이야기 속 등장인물의 행동이나 마음을 흉내 내는 말, 반복되는 말 등을 흉내말이나 재미있게 표현해 봐.

이렇게 써요

생각 모으기

책을 읽고 기억에 남는 장면, 생각이나 느낌 등을 생각나는 대로 정리해 보세요.

예) "방귀쟁이 며느리"

기억에 남는 인물
예) 며느리

기억에 남는 말이나 행동
예) • 며느리가 방귀를 뀌자 시아버지, 시어머니, 신랑이 날아감.
• 며느리가 배나무에 대고 방귀를 뀌자 배가 후두둑 떨어짐.
• 시아버지가 며느리 방귀가 쓸모가 있다며 좋아함.

생각이나 느낌
예) • 며느리 방귀가 쓸모 있는 신통한 방귀인 것처럼 방귀는 죄가 없음.
• 아빠 방귀는 냄새가 독하고, 내 방귀는 소리가 귀여움.

생각 정리

생각나는 대로 쓴 내용 중에서 동시 형식의 독서 카드에 쓸 내용을 정리해 보세요.

제목 ▶ 예) 방귀는 죄가 없지!

이름 ▶ 예) 손아인

> 동시에서 한 줄 한 줄을 행이라고 하고, 행이 모인 덩어리를 연이라고 해.

동시로 표현하고 싶은 내용 정리
예) • 며느리가 방귀를 뀌자 시아버지, 시어머니, 신랑이 날아감. ⇒ 시의 1연
• 며느리가 배나무에 대고 방귀를 뀌자 배가 후두둑 떨어짐. ⇒ 시의 2연
• 시아버지가 며느리 방귀가 쓸모가 있다며 좋아함. ⇒ 시의 3연
• 며느리 방귀가 쓸모 있는 신통한 방귀인 것처럼 방귀는 죄가 없음. ⇒ 시의 4연
• 며느리 방귀는 엄청 센 방귀, 아빠 방귀는 냄새가 지독한 방귀,
내 방귀는 소리가 귀여운 방귀임. ⇒ 시의 5연

인터뷰 형식의 독서 카드 쓰기

4주차 4회

어떻게 쓸까요

생각 모으기
위인전을 읽고 위인에 대해 인상 깊었던 점을 생각나는 대로 정리해 봅니다.

기억에 남는 일
- 어린 시절 닭장에 들어가 몇 시간 동안 암탉이 알을 낳는 장면을 지켜본 일
- 침팬지들에게 이름을 붙여 주고 친구가 된 일

「침팬지들의 친구 제인 구달」

업적
- 침팬지가 도구를 사용한다는 사실을 밝혀냄.
- 동물 보호 운동과 환경 운동을 벌임.

본받고 싶은 점
- 좋아하는 것을 하기 위해 아프리카로 떠난 용기
- 침팬지와 가까워지기 위해 꿈든 생활을 참고 견딘 인내심

생각 정리
생각나는 대로 쓴 내용 중에서 인터뷰 형식의 독서 카드에 쓸 내용을 정리해 봅니다.

제목
집팬지들의 어머니, 제인 구달을 만나다!

인터뷰 대상자
침팬지 연구가, 환경 운동가 '제인 구달'

물고 싶은 것
- 질문1 어린 시절이나 침팬지를 연구하는 동안 특별히 기억에 남는 일은?
  ↳ 대답1 어린 시절 암탉이 알을 낳는 장면을 지켜본 일과 침팬지들에게 이름을 붙여 주고 친구가 된 일
- 질문2 많은 업적 중에서 특히 높이 평가하고 싶은 일은?
  ↳ 대답2 침팬지가 도구를 사용한다는 사실을 밝혀낸 일
- 질문3 어린이들에게 특별히 하고 싶은 말은?
  ↳ 대답3 꿈을 이루기 위해서는 용기와 인내심을 가져야 함.

> 위인전을 읽고 인상 깊었던 점이나 느낀 점을 '질문-대답'의 형식으로 만들어 봐

'인터뷰'란 필요한 내용을 얻기 위해 어떤 사람을 만나 이야기하는 것을 말해요. 인터뷰 형식의 독서 카드를 쓸 때에는 인상 깊은 내용이나 알게 된 내용을 '질문-대답'의 형식으로 써요.

↳ 흐리게 쓴 글자를 따라 써 보세요.

글로 써 보기
정리한 내용으로 인터뷰 형식의 독서 카드를 써 봅니다.

제목
침팬지들의 어머니, 제인 구달을 만나다!

학생 기자: 어린 시절이나 침팬지를 연구하시는 동안 특별히 기억에 남는 일이 있으신가요?

제인 구달: 어렸을 때 암탉이 알을 낳는 장면을 보려고 닭장 안에서 몇 시간을 기다린 적이 있어요. 제가 없어져서 가족들이 저를 찾느라고 혼났지요. 그리고 침팬지를 연구할 때 침팬지들에게 이름을 붙여 주고 친구가 되었던 순간이 가장 기억에 남아요.

학생 기자: 많은 업적 중에서 특히 높이 평가하시고 싶은 일은 무엇인가요?

제인 구달: 침팬지를 연구하면서 침팬지도 인간만이 도구를 사용한다고 알고 있어 왔던 도구를 사용한다는 것을 밝혀낸 것이지요.

학생 기자: 어린이들에게 특별이 해 주고 싶으신 말은 무엇인가요?

제인 구달: 꿈을 이루기 위해서는 용기가 필요해요. 또 힘든 일을 견딜 줄 아는 인내심도 가져야 합니다.

> 위인전을 읽고 위인이 한 일 중 기억에 남는 일, 위인의 업적, 위인에게 본받고 싶은 점을 질문하고, 위인이 직접 대답을 하는 것처럼 답을 쓰면 돼.

* 업적 열심히 일해서 이룬 훌륭한 결과.
* 도구 일을 할 때 쓰는 물건을 통틀어 이르는 말.

글로 써 보기

정리한 내용으로 인터뷰 형식의 독서 카드를 써 보세요.

제목: _____

학생 기자: 어린 시절이나 나라를 다스리시는 동안 특별히 기억에 남는 일이 있나요?

세종 대왕: 어린 시절에 밤낮으로 책을 읽었습니다. 그만 큰 책 읽는 것을 좋아했습니다. 임금이 된 뒤에 기억나는 일은 어느 추운 겨울날, 한 신하가 밤새 연구를 하다가 책상에 엎드려 잠이 든 것을 보고, 제 옷을 벗어 덮어 준 일입니다.

학생 기자: 많은 업적 중에서 특히 뿌듯하게 생각하시는 일은 무엇인가요?

세종 대왕: 백성들이 쉽게 이해서 쓸 수 있도록 훈민정음을 만든 일이 가장 뿌듯합니다. 그리고 장영실과 함께 측우기, 해시계 등 수많은 과학 기구를 만들어 백성들의 생활에 도움을 준 일도 뿌듯합니다.

학생 기자: 나라를 다스리는 임금이 갖추어야 할 것은 무엇이라고 생각하시나요?

세종 대왕: 임금에게 가장 필요한 것은 백성을 아끼고 사랑하는 마음입니다. 다. 백성은 나라의 뿌리입니다. 이 나라를 더욱 살기 좋게 만들어야 하는 까닭도 바로 백성이지요.

> 위인전을 읽고 위인에 대한 인상 중 한 일 중 기억에 남는 일, 위인에게 본받고 싶은 점을 질문하고, 위인이 직접 대답을 하는 거처럼 답을 쓰면 돼.

이야기 속으로

생각 모으기 위인전을 읽고 위인에 대해 인상 깊었던 점을 생각나는 대로 정리해 보세요.

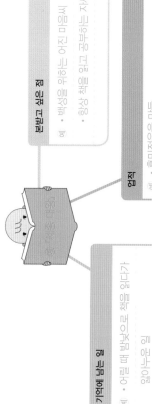

위인전의 주인공 세종 대왕

기억에 남는 일
예 • 어릴 때 밤낮으로 책을 읽다가 좋아준 일
• 밤새 연구하다 책상에서 잠든 신하에게 옷을 벗어 덮어 준 일

본받고 싶은 점
예 • 백성을 위하는 어진 마음씨
• 항상 책을 읽고 공부하는 자세

업적
예 • 훈민정음을 만듦.
• 측우기, 해시계 등의 과학 기구를 만듦.

> 위인전을 읽고 인상 깊었던 점이나 느꼈던 점을 '질문 때문'의 형식으로 만들어 주면 돼.

생각 정리 생각나는 대로 쓴 내용 중에서 인터뷰 형식의 독서 카드에 쓸 내용을 정리해 보세요.

제목 예 백성을 사랑한 왕, 세종 대왕을 만나다!

쓸 대상인 예 훈민정음을 만든 조선 제4대 왕 '세종 대왕'

묻고 싶은 것
• **질문 1** 어린 시절이나 나라를 다스리는 동안 특별히 기억에 남는 일은?
⇨ **대답 1** 어린 시절 밤낮 책을 읽다가 뿅이 난 일과, 밤새 연구하다 책상에서 잠든 신하에게 옷을 벗어 덮어 주는 일은?
• **질문 2** 많은 업적 중에서 특히 뿌듯하게 생각하는 일은?
⇨ **대답 2** 훈민정음을 만든 것과 측우기, 해시계 등의 과학 기구를 만든 것
• **질문 3** 나라를 다스리는 임금이 갖추어야 할 것은?
⇨ **대답 3** 백성을 아끼고 사랑하는 마음과 항상 책을 읽고 공부하는 자세

읽은 책을 소개할 때에는 책을 읽게 된 까닭, 책 내용, 책을 읽은 뒤에 든 생각이나 느낌, 인상 깊은 부분이나 재미있었던 부분 등을 써요.

글로 써 보기 정리한 내용으로 책을 소개하는 글을 써 봅니다.

▶ 흐리게 쓴 글자를 따라 써 보세요.

제목 『오즈의 마법사』를 소개합니다!

책을 읽게 된 까닭 만화 영화를 재미있게 보고 나서, 읽게 된 『오즈의 마법사』를 소개합니다.

책 내용 / 기억에 남는 장면

도로시는 회오리바람에 휩쓸려 오즈라는 나라에 가게 됩니다. 도로시는 집으로 돌아가기 위해 마법사 오즈를 만나러 가는데, 가는 길에 허수아비와 양철 나무꾼, 겁쟁이 사자를 만나지요. 도로시와 친구들을 한 명 한 명 만나게 되는 장면이 정말 재미있답니다! 도로시와 친구들은 온갖 위험을 무릅쓰고 마법사 오즈를 찾아갑니다. 하지만 오즈는 가짜 마법사였어요. 이 장면에서 어쩌나 화가 났는지 몰라요. 하지만 마침내 허수아비는 뇌를, 양철 나무꾼은 심장을, 사자는 용기를 오즈에게 선물로 받아요. 도로시는 착한 마녀의 도움으로 고향으로 돌아가게 되지요. 결국 친구들 모두 소원을 이루게 됩니다.

생각이나 느낌

도로시와 친구들처럼 저도 멋진 모험을 떠나고 싶어요. 그리고 마법사 오즈를 만나 달리기를 잘하게 해 달라고 빌고 싶어요. 여러분도 흥미진진한 오즈의 마법사를 만나러 가 보세요.

* **모험**: 위험을 무릅쓰고 어떠한 일을 함. 또는 그 일.

> 책을 읽고 소개하는 글을 쓰면 책의 내용을 잘 정리할 수 있고, 친구들과 책에 대한 이야기도 나눌 수 있어 좋아.

이렇게 쓸까요

책 소개하는 글 쓰기

(tip) 책을 소개하는 방법에는 여러 가지가 있어요. 책을 직접 보여 주면서 하는 방법, 새롭게 안 내용을 그림으로 보여 주며 소개하는 방법, 글로 써서 하는 방법 등이 있습니다.

생각 모으기
책을 읽고 소개하고 싶은 내용을 생각나는 대로 정리해 봅니다.

책을 읽게 된 까닭
- 만화 영화를 보고 책이 읽고 싶어짐.

기억에 남는 장면
- 도로시가 허수아비, 양철 나무꾼, 사자를 만나는 장면
- 도로시와 친구들이 오즈가 가짜 마법사라는 것을 알게 되는 장면

『오즈의 마법사』

책의 내용
- 도로시와 친구들이 각자의 소원을 이루기 위해 마법사 오즈를 찾아가는 내용

생각이나 느낌
- 도로시와 친구들처럼 모험을 떠나고 싶음.
- 마법사 오즈를 만나 달리기를 잘하게 해 달라고 빌고 싶음.

생각 정리
생각나는 대로 쓴 내용 중에서 책을 소개하는 글에 쓸 내용을 정리해 봅니다.

제목 『오즈의 마법사』를 소개합니다!

책을 읽게 된 까닭 만화 영화를 재미있게 보고 나서 책이 읽고 싶어짐.

책 내용
- 도로시와 친구들이 각자의 소원을 이루기 위해 마법사 오즈를 찾아감.
- 오즈에게 허수아비는 뇌를, 양철 나무꾼은 심장을, 사자는 용기를 선물받고, 도로시는 착한 마녀의 도움으로 고향으로 돌아감.

기억에 남는 장면
- 도로시가 허수아비, 양철 나무꾼, 겁쟁이 사자를 만나는 장면
- 도로시와 친구들이 오즈가 가짜 마법사라는 것을 알게 되는 장면

생각이나 느낌
- 도로시와 친구들처럼 멋진 모험을 떠나고 싶음.
- 마법사 오즈를 만나 달리기를 잘하게 해 달라고 빌고 싶음.

> 책의 내용과 기억에 남는 장면, 느낀 점을 차례로 써도 좋고, 내용이나 기억에 남는 장면 중간중간에 느낀 점을 써도 좋아!

이렇게 써요

글로 써 보기　정리한 내용으로 책을 소개하는 글을 써 봅니다.

예 『인디언붓꽃의 전설』을 소개합니다!

선생님께서 추천해 주셔서 재미있게 읽은 『인디언붓꽃의 전설』을 소개합니다.

꼬마다람쥐라는 이름을 가진 인디언 소년은 그림 그리기를 좋아하고 말타기와 활쏘기, 씨름을 못하는 자신에게 실망합니다. 하지만 부족의 지도자는 소년에게 미래를 그리는 사람이 될 것이라며 용기를 줍니다. 소년은 온갖 노력 끝에 자신이 너무나 원하던 저녁노을을 그리게 됩니다. 소년이 너무 기뻐서 붓들을 풀밭에 놓아두고 마을 사람들에게 자신이 그린 그림을 보여 주러 간 사이에, 그 붓들은 색색의 꽃이 되어 함께 피어나게 됩니다. 사람들은 이 신기한 꽃을 인디언붓꽃이라고 이름 붙였습니다.

이 책을 읽고 누구나 자신이 잘하는 재주 한 가지씩은 가지고 있고, 열심히 노력하면 언젠가는 꿈을 이룰 수 있다는 것을 알았습니다. 앞으로 나도 다른 친구와 비교하지 말고, 내가 잘하는 것을 찾아서 열심히 노력할 것입니다. 현재는 꼬마다람쥐처럼 어떤 아이지만 나도 잘하는 게 있을 것입니다.

나는 용기를 갖게 해 준 이 책을 여러분도 읽어 보세요.

책을 읽고 소개하는 글을 쓰면 책의 내용을 잘 정리할 수 있고, 친구들과 책에 대한 이야기도 나눌 수 있어 좋아.

이렇게 써요

생각 모으기　책을 읽고 소개하고 싶은 내용을 생각나는 대로 정리해 보세요.

책을 읽게 된 까닭
예 선생님께서 추천해 주심.

책 내용
예 꼬마다람쥐라는 이름을 가진 인디언 소년이 화가가 되는 내용

예 『인디언붓꽃의 전설』

기억에 남는 장면
예 • 꼬마다람쥐가 자신은 전사가 될 능력이 없다며 실망하자 부족의 지도자가 용기를 북돋아 주는 장면
• 꼬마다람쥐의 붓들이 색색의 꽃이 되어 활짝 피는 장면

생각이나 느낌
예 • 누구나 자신이 잘하는 재주 한 가지씩은 가지고 있음.
• 다른 사람과 비교하지 말고, 자신이 잘하는 것을 더욱 열심히 노력하려고 노력해야 됨.

책의 내용과 기억에 남는 장면, 느낀 점을 차례로 써도 좋고, 내용이나 기억에 남는 장면의 중간중간에 느낀 점을 써도 좋아.

생각 정리　생각나는 대로 쓴 내용 중에서 책을 소개하는 글에 쓸 내용을 정리해 보세요.

제목
예 『인디언붓꽃의 전설』을 소개합니다!

책을 읽게 된 까닭
예 선생님께서 추천해 주심.

책 내용
예 • 꼬마다람쥐는 말타기와 활쏘기, 씨름을 못하는 자신에게 실망함.
• 부족의 지도자가 꼬마다람쥐에게 전사가 아니라 다른 길을 걷게 될 것이라고 함.
• 꼬마다람쥐는 온갖 노력 끝에 자신이 원하던 저녁노을을 그리게 됨.

기억에 남는 장면
예 • 꼬마다람쥐가 자신은 전사가 될 능력이 없다며 실망하자 부족의 지도자가 용기를 북돋아 주는 장면
• 꼬마다람쥐가 붓들을 풀밭에 놓아두고 마을 사람들에게 간 사이에 그 붓들이 색색의 꽃이 되어 활짝 피는 장면

생각이나 느낌
예 • 누구나 자신이 잘하는 재주 한 가지씩은 가지고 있음.
• 다른 사람과 비교하지 말고, 자신이 잘하는 것을 더욱 열심히 노력하려고 노력해야 됨.

참 잘했어요

독서 카드 인형 뽑기

아이들이 책을 읽고 독서 카드를 쓰려고 해요. 아이들의 장래 희망에 도움
이 될 형식의 독서 카드를 뽑아 보세요.

힌트: 장래 희망 직업과 관련된 형식의 독서 카드를 찾으면 됩니다.

다양한 형식의 독서 카드

나는 어른이 되면 기자가 되고 싶어.

나는 멋진 시를 쓰는 시인이 되고 싶어.

일기 형식의 독서 카드

인터뷰 형식의 독서 카드

시 형식의 독서 카드

광고 형식의 독서 카드

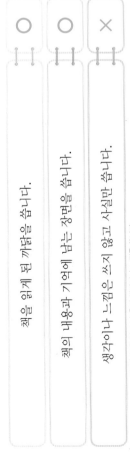

아하~ 알았어요

1 독서 카드에 쓸 내용으로 알맞지 않은 것을 찾아 ×표 하세요.

책의 제목	책의 내용	책을 산 곳
( )	( )	(×)

해설 | 독서 카드에는 책의 제목, 책을 읽게 된 까닭, 책의 내용 등을 씁니다. 책을 산 곳이 어디인지는 쓸 필요는 없습니다.

2 다음 독서 카드에 대하여 바르게 말한 친구를 찾아 ○표 하세요.

슝그릉그 방울 타요!
김보라

여기 영차, 여기 영차
슝그릉그 방울 타요
펑!
금이 가득, 쌀이 가득
흥부네 부자 됐네!
여기 영차, 여기 영차
슝그릉그 방울 타요
펑!
욕심 많은 놀부 혼내러
도깨비 나왔네!

■ 편지 형식의 독서 카드예요.

■ 『흥부 놀부』를 읽고 쓴 독서 카드예요.

■ 기억에 남는 장면을 알 수 있어요. (○)

■ 책을 읽은 까닭을 자세히 알려 줘요.

해설 | 『흥부 놀부』를 읽고 동시 형식으로 쓴 독서 카드입니다. 동시에 는 책을 읽은 까닭이 드러나 있지 않고 읽은 책 내용 중 기억에 남는 장면이나 중요한 부분 등이 드러나 있습니다.

3 책을 소개하는 글을 쓰는 방법으로 알맞으면 ○표, 알맞지 않으면 ×표 하세요.

책을 읽게 된 까닭을 씁니다. ○

책의 내용과 기억에 남는 장면을 씁니다. ○

생각이나 느낌은 쓰지 않고 사실만 씁니다. ×

해설 | 책을 읽고 소개하는 글에는 읽은 후의 생각이나 느낌을 씁니다.